KIRSTEN BOIE, 1950 in Hamburg geboren, ist eine der renommiertesten deutschen Kinder- und Jugendbuchautorinnen. Für ihr Gesamtwerk wurde sie bereits 2007 mit dem Sonderpreis des Deutschen Jugendliteraturpreises geehrt. 2022 wurde sie für ihr Jugendbuch »Dunkelnacht« erneut mit dem Deutschen Jugendliteraturpreis ausgezeichnet. Kirsten Boie hat viele beliebte Kinderbuchfiguren für alle Altersgruppen erschaffen, darunter »Der kleine Ritter Trenk«, »Seeräubermoses«, »Die Kinder aus dem Möwenweg« und »Thabo«. Darüber hinaus ist die promovierte Literaturwissenschaftlerin mit großem Einsatz auf dem Gebiet der Leseförderung aktiv. 2019 wurde ihr dafür – sowie für ihre schriftstellerische Tätigkeit – die Hamburger Ehrenbürgerwürde verliehen. Nicht nur »Paule ist ein Glücksgriff« – so der Titel ihres Debütromans –, sondern auch »Kirsten Boie ist ein Glücksfall für die deutsche Kinderbuch-Literatur« (NDR).

Kirsten Boie

Der Hoffnungsvogel

Mit Illustrationen
von Katrin Engelking

Verlag Friedrich Oetinger · Hamburg

1. Auflage
© 2022 Verlag Friedrich Oetinger GmbH,
Max-Brauer-Allee 34, 22765 Hamburg
Alle Rechte vorbehalten
© Text: Kirsten Boie
© Einband und farbige Innenillustrationen: Katrin Engelking
Außenlektorat: Susanne Klein
Druck und Bindung: Livonia Print SIA,
Jūrkalnes iela 15/25, LV-1046 Riga, Lettland
Printed 2023

ISBN 978-3-7512-0258-9

www.oetinger.de
www.kirsten-boie.de
www.möwenweg-stiftung.de

1. Kapitel

in dem du das Glückliche Land kennenlernst

Du musst dich überhaupt nicht wundern, wenn du noch nie vom Glücklichen Land gehört hast, und peinlich sein muss es dir schon gar nicht. Frag einfach deine Mama und deinen Papa, am besten auch noch Oma und Opa und deine Lehrerin: Ich gehe jede Wette ein, dass sie es auch nicht kennen.

Vielleicht liegt das daran, dass das Glückliche Land nicht so leicht zu finden ist. Aber auch wenn du nicht hinreisen kannst, möchtest du ja vielleicht trotzdem wissen, woher es seinen Namen hat?

Wahrscheinlich brauchst du meine Erklärung gar nicht. Das Glückliche Land heißt natürlich, wie es heißt, weil die Menschen dort glücklich sind und weil sie alle immerzu alles dafür tun, dass es nicht nur ihnen selbst, sondern auch allen anderen gut geht. Und meistens klappt das ganz prima. Welcher andere Name hätte da denn wohl besser gepasst?

Vielleicht war das Land auch deshalb so glücklich, weil es alles gab, was die Menschen brauchten, und wenig, worüber sie streiten mussten. Für jede Arbeit war jemand da, der sie tun konnte, und das war immer genau derjenige, der diese Arbeit am liebsten tat. Die Bäcker konnten sich nichts Schöneres vorstellen, als zu backen, und die Schornsteinfegerinnen taten nichts lieber, als

Schornsteine zu fegen. Die Leuchtturmwärterin freute sich jeden Abend, das Licht in ihrem Leuchtturm anzuzünden; und während sie das Glas polierte, bis es glänzte und aller Ruß verschwunden war, summte sie fröhlich vor sich hin. Darum schickte ihr Leuchtturm sein Licht auch weit über das Meer, und niemand hat jemals von einem Schiff gehört, das vor der Küste des Glücklichen Landes gesunken wäre. Was aber fehlte im Glücklichen Land, das waren Polizisten, weil es nämlich einfach keine Arbeit für sie gab. Und wenn man sie doch einmal kurz gebraucht hätte, erledigte der Nachtwächter die Arbeit einfach mit.

Und dann war da natürlich die Gute Königin, die regierte ihr Land weise und gerecht. Wenn ein neues Gesetz beschlossen werden musste, rief sie die Bürgerinnen und Bürger des Landes in ih-

rem Garten zusammen und gemeinsam redeten sie darüber, was für alle am besten wäre, bis sie es rausgekriegt hatten.

»So hab ich als Königin fast gar keine Arbeit!«, sagte die Gute Königin zufrieden. »So hab ich genug Zeit für meinen Garten! Ihr denkt ja mit mir über alles nach, da kann ich doch gar nicht viel falsch machen!«

Und das fanden die Leuchtturmwärterin und der Nachtwächter, die Bäcker und die Schornsteinfegerinnen auch, und natürlich – wie konnte ich die bisher bloß vergessen! – fanden das auch alle Kinder. Ja, die Menschen waren sehr zufrieden mit ihrer Königin und mit ihrem Glücklichen Land und sie hätten niemals gedacht, dass es eines Tages anders sein könnte.

Aber dann verschwand der Hoffnungsvogel.

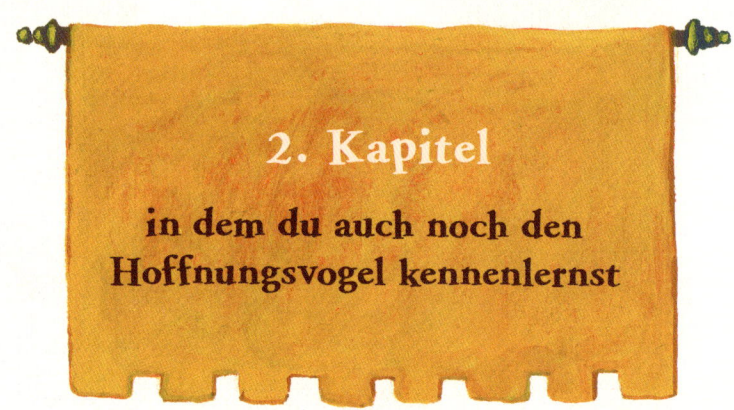

2. Kapitel

in dem du auch noch den Hoffnungsvogel kennenlernst

Nun könnte ich mir vorstellen, dass du gar nicht genau weißt, was ein Hoffnungsvogel ist. Schließlich sind längst nicht alle Menschen einem begegnet, und manchmal, wenn wir einen treffen, erkennen wir ihn nicht mal. Ein Hoffnungsvogel redet ja nicht darüber, was er tut, verstehst du; ein Hoffnungsvogel tröstet einfach und macht zuversichtlich.

Und so war das auch mit dem Hoffnungsvogel im Glücklichen Land. Kein Kummer war ihm zu klein, keine Sorge zu schwer und kein Schmerz zu groß: Kaum hatte er einen unglücklichen Menschen entdeckt, da erhob sich der kleine Vogel in die Luft und sang ein Lied, und das war für jeden ein anderes und für jeden genau das richtige, um die Tränen zu trocknen und die Last auf den Schultern leichter zu machen. Manchmal war es ein fröhliches Lied und manchmal ein trauriges Lied, denn jeder, der Trost braucht, braucht seinen eigenen; und manchmal, wenn es das richtige Lied gar nicht gab, war es auch genug, wenn der Hoffnungsvogel überhaupt nicht sang. Dann saß er nur ganz still und hörte der Traurigkeit zu, und wie er es machte, kann ich dir nicht sagen: Aber danach war sie plötzlich nicht mehr da. Da holten die Menschen tief Luft und strafften ihre Schultern; und sie machten sich wieder daran zu erledigen, was sie zu erledigen hatten, ob es nun viel war oder wenig, schwer oder leicht. Du weißt ja selbst, wie es sich anfühlt, wenn ein großer Kummer allmählich immer kleiner wird, und plötzlich ist er verschwunden.

So war es immer gewesen im Glücklichen Land und so kannten es die Menschen; aber trotzdem merkten sie zuerst gar nicht, dass ihr Hoffnungsvogel nicht mehr sang. Im Frühling zogen die Bauern Furchen in ihre Äcker wie in jedem Jahr, säten das Getreide aus und beobachteten, wie es wuchs; und schließlich mähten und droschen sie es und fuhren es in ihre Scheunen. Die Kinder gingen zur Schule und halfen ihren Müttern und Vätern im Haus und auf dem Feld; sie spielten Kreisspiele und Ticken und Verstecken, und sie lachten und stritten sich genau so viel, wie man sich manchmal eben sogar im Glücklichen Land streiten muss. Die Fischerinnen fuhren mit ihren Booten hinaus aufs Meer, und der Fang, mit dem sie zurückkamen, füllte ihre Netze wie sonst auch. Aber trotzdem war etwas anders; und ganz allmählich spürten es die Menschen.

Erstaunt bemerkten zuerst nur wenige, dann immer mehr von ihnen hier und da eine Traurigkeit, die nicht mehr verschwinden wollte; und war nicht auch die Freundlichkeit weniger geworden zwischen den Menschen? Auf einmal schrien die Eltern ihre Töchter und Söhne an, wenn sie einen Teller zerbrochen oder nicht schnell genug Holz für das Feuer zum Ofen getragen hatten; und überall auf den Straßen tauchten plötzlich Kinder auf, die sich anbrüllten, anstatt vergnügt miteinander zu spielen. Und manchmal schlugen sie einander sogar.

Ja, schon wenn du zur Zeit der Heuernte ins Glückliche Land gekommen wärest, hättest du bestimmt nicht mehr verstanden, warum es diesen Namen trug. In der Luft hing keine Fröhlichkeit und die Menschen waren kein bisschen glücklicher als in den Ländern, die du vielleicht kennst.

»Ich habe den Hoffnungsvogel schon lange nicht mehr singen hören«, murmelte eines Tages die Gute Königin, als sie in ihrem großen Garten die verblühten Rosen von den Sträuchern schnitt, und sie richtete sich auf und warf einen Blick auf ihr Land hinter der wilden Rosenhecke, das gerade immer mehr zu einem traurigen Land wurde. »Kann es vielleicht sein, dass unser Hoffnungsvogel ...?«

Dann zuckte sie verwirrt die Achseln und machte weiter mit ihrer Arbeit, denn ihr Garten war wirklich sehr groß und sie liebte ihre Rosen und es gab viel zu tun. Konnte ein Land etwa so traurig werden, nur weil sein Hoffnungsvogel verschwunden war? Was hatte denn der Hoffnungsvogel mit all dem Streit und der Unfreundlichkeit zu tun?

3. Kapitel

in dem es in der königlichen Kate Abendessen gibt

Erst am Abend, als sie in der Küche der königlichen Kate auf dem königlichen Herd die Suppe aufwärmte, sprach die Gute Königin mit ihrem Sohn.

In der königlichen Kate?

Ja, hattest du gedacht, dass die Gute Königin in einem riesigen Schloss wohnte?

Wie sollte ihr Land denn wohl glücklich sein, wenn seine Königin reich war und sein Volk arm? Im Glücklichen Land hatten alle Menschen ihr Auskommen; niemand hungerte, während andere prunkvolle Kleider trugen; und darum musste keiner den anderen beneiden, und auch darum gab es so wenig Streit.

Deshalb kann ich dir nun nicht von einem Schloss mit goldenen Kutschen erzählen, aber immerhin von einem gemütlichen kleinen Haus mit Rosenstöcken an den Mauern und einem warmen Kachelofen für den Winter. Hier also wohnte die Gute Königin, und in ihrer Küche sprach sie an diesem Abend mit ihrem Sohn.

Der stellte übrigens gerade die Suppenteller auf den Tisch.

»Ich glaube, unser Hoffnungsvogel ist verschwunden!«, sagte die Gute Königin. »Hast du ihn in der letzten Zeit vielleicht irgendwo gesehen?«

11

Der Freundliche Prinz schüttelte nachdenklich den Kopf und holte die Löffel aus der Schublade. Hatte er den Vogel gesehen? Oder hatte er ihn gehört? Er erinnerte sich daran, wie es in früheren Sommern gewesen war, wenn die Bauern pfeifend und singend ihr Heu ernteten: Dann stieg der Vogel hoch in die Luft, bis er winzig und fast unsichtbar über den Wiesen stand, so ungefähr wie die Lerchen es machen. Und er trällerte und tirilierte, dass den Bauern mit jeder Note das Herz leichter wurde und sie mit ihren Sensen die Arbeit so fröhlich erledigten, als gäbe es für sie nichts Schöneres auf der Welt. Aber in diesem Sommer sang der Vogel nicht.

»Ich glaube, du hast recht!«, sagte der Freundliche Prinz erstaunt, weil es ihm vorher noch überhaupt nicht aufgefallen war; und er setzte sich auf seinen Küchenstuhl, denn gerade stellte die Gute Königin den Topf mit der dampfenden Suppe auf den Tisch. Die Topflappen, mit denen sie ihn hielt, hatte der Prinz ihr im

letzten Jahr zum Geburtstag gehäkelt. »Ich habe den Hoffnungs-vogel tatsächlich schon lange nicht mehr gesehen.«

Die Königin nickte. »Nimm dir nur ordentlich!«, sagte sie. »Wir essen jetzt schon den zweiten Tag von der Suppe, und für einen dritten muss sie nicht mehr reichen.«

Da nahm sich der Prinz einen großen Schöpflöffel voll und be-gann zu essen, und während sein Teller allmählich leerer und lee-rer wurde und er sich über die gute Suppe freute, dachte er nach. Erst als er auch noch einen zweiten Teller leer gegessen hatte (aber der war längst nicht so voll gewesen wie der erste, das war nur noch ein Rest), war er sich endlich sicher.

»Unser Hoffnungsvogel ist wirklich verschwunden!«, sagte er und legte den Löffel in den leeren Teller, dass es ein bisschen klirrte. »Ganz bestimmt! Und bestimmt ist das auch der Grund dafür, dass es nur noch so wenig Fröhlichkeit gibt bei uns im Glücklichen Land und so wenig Freundlichkeit, und dass die Menschen sich immerzu streiten und traurig sind. Doch, ganz bestimmt ist das der Grund!«

Die Königin hatte langsamer gegessen als ihr Sohn, das tat sie immer, und sonst ermahnte sie ihn auch jedes Mal, dass er nicht so schlingen sollte, wenn er etwas lecker fand; aber an diesem Abend hatte sie das nicht getan.

»Ja, so ist es wohl!«, sagte sie nachdenklich zwischen zwei Löf-feln. »Obwohl: Was hat ein verschwundener Hoffnungsvogel mit Unfreundlichkeit und Streit zu tun? Mit Traurigkeit, ja, das ver-steht jeder! Aber warum sollte ...«

»Das ist doch klar!«, rief der Freundliche Prinz, und du hast wohl gemerkt, dass er seine Mutter einfach unterbrach; aber ge-rade wunderte er sich eben, wie wenig sie verstand. »Wenn der Hoffnungsvogel nicht mehr da ist, bleiben die traurigen Menschen traurig, und wenn sie traurig sind, schaffen sie es eben nicht mehr, freundlich zueinander zu sein!«

Und das weißt du natürlich auch. Wenn dir gerade deine beste Freundin gesagt hat, dass du nicht mehr ihr bester Freund bist, weil sie jetzt den neuen Jungen von gegenüber lieber mag, dann brüllst du vielleicht deinen kleinen Bruder an, und dabei ist der ja überhaupt nicht schuld! Aber irgendwen musst du eben anbrüllen, um deine Traurigkeit rauszulassen.

Und den Erwachsenen geht es natürlich haargenau so, und darum kann es schon sein, dass im Glücklichen Land nicht nur die Traurigkeit wuchs und sich wie eine schwere Wolke über Städte, Weiler und Dörfer legte, sondern dass es genau deshalb auch immer weniger Freundlichkeit zwischen den Menschen gab und sie missmutig an ihre Arbeit gingen und missmutig beim Essen saßen und sich über alle möglichen Dinge stritten, über die sie sich früher nie gestritten hatten.

Doch, ich glaube, der Freundliche Prinz hatte recht, und da merkst du mal, wie schlau er war.

Auch die Gute Königin nickte. »Aber vielleicht sollten wir zuerst noch mal mit unserem Volk reden, was meinst du?«, fragte sie und trug die Teller zur Abwaschschüssel. »Vielleicht hat ja doch irgendwer den Hoffnungsvogel gesehen. Und wenn nicht, weiß vielleicht wenigstens einer, wo er sein könnte. Ja, lass uns für morgen eine Versammlung einberufen!«

Und darum musste der Freundliche Prinz an diesem Abend nicht wie sonst immer das gespülte Geschirr abtrocknen, sondern lief stattdessen von Haus zu Haus, um die Menschen für den nächsten Tag in den königlichen Garten einzuladen. Und als er endlich wieder nach Hause kam, standen schon die ersten Sterne am Himmel und hinter einer Wolke lugte der Mond hervor. So winzig war das Glückliche Land eben doch nicht, und darum hatte er für seinen Auftrag gebraucht, bis es dunkel war.

Seine Mutter öffnete ihm die Tür und von drinnen wehte ihm der leckere Duft von frisch gekochtem Kakao entgegen. »Vielen Dank, mein Sohn!«, sagte die Gute Königin. »Nun wollen wir sehen, was morgen wird. Denn gemeinsam haben wir im Glücklichen Land doch noch immer eine Lösung für jedes Problem gefunden!«

Dann schenkte sie dem Freundlichen Prinzen Kakao in seinen Becher; und als der ausgetrunken war, bliesen sie alle Kerzen aus, putzten ihre Zähne und legten sich schlafen. Und sie glaubten zuversichtlich, dass am nächsten Tag alles wieder gut werden würde.

4. Kapitel

in dem die Gute Königin zum Kuchen einlädt

Wenn sie ihr Volk zu sich in den Garten lud, kochte die Gute Königin immer viele Kannen leckeren Tee und buk viele Bleche Kuchen, damit die Bürger sich bei ihr wohlfühlen sollten. Darum hatten der Freundliche Prinz und sie an diesem Morgen auch richtig viel zu tun und gerieten ordentlich ins Schwitzen; denn zum Glück waren ja gerade die Kirschen reif und da gab es Kirschkuchen in Mengen.

Und kaum hatten sie die Bleche in den Garten getragen, da kamen auch schon die ersten Gäste. Aber der Freundliche Prinz merkte gleich, dass die Stimmung nicht fröhlich war wie früher immer. Denn während die Menschen sonst lachend und im Gespräch zu zweit, zu dritt oder in Gruppen vergnügt durch das Gartentor strömten, das ein bisschen schief in den Angeln hing und darum jedes Mal quietschte, trotteten sie jetzt langsam, einzeln und mit mürrischen Gesichtern in den Garten.

»Die Scharniere könnte sie wirklich auch mal wieder ölen!«, sagte ein Bäcker, nachdem das Tor hinter ihm quietschend und scheppernd ins Schloss gefallen war. »Was ist denn das für eine Königin, die nicht mal ihr Gartentor in Ordnung halten kann? Wie soll sie denn dann wohl ihr Land in Ordnung halten?«

Und obwohl die Menschen sich im ganzen Garten verstreut

hatten, konnten sie ihn doch hören, er sprach in seiner üblen Laune nämlich ziemlich laut.

»Der Bäcker hat recht!«, sagte eine Schlosserin. »Wirklich, was ist das denn für eine Königin!«

Zum Glück war die Gute Königin noch im Haus, um die letzten Kuchenbleche aus dem Ofen zu holen, natürlich wieder mit den Topflappen, die ihr Sohn ihr gehäkelt hatte; und darum konnte sie die unzufriedenen Reden nicht hören. Aber der Freundliche Prinz stand ganz in der Nähe, gleich hinter dem Holunderstrauch, neben dem er am Morgen gemeinsam mit seiner Mutter lange, roh gehobelte Bretter wie eine Tischplatte über Holzböcke gelegt hatte. Darauf warteten nun Kuchen und Tee auf die Gäste.

»Und was ist das für eine Königin, die uns zu sich einlädt, und es gibt kein weißes Tischtuch und kein feines Porzellan, nur Bretter und irdenes Geschirr?«, sagte eine Fischerin verächtlich und warf sich ungeduldig ein Stück Kuchen auf ihren Teller. Dann fing sie an zu essen, ohne auf die Königin oder auf sonst wen zu warten, und nahm sich gleich noch das nächste Stück. Und so machten es jetzt auch die anderen alle; aber wenn du geglaubt haben solltest, dass sie nun vergnügter wurden, weil ein leckeres Stück frisch gebackener Kuchen Menschen doch eigentlich meistens fröhlicher macht – mich jedenfalls! –, dann hast du dich getäuscht.

»Nur Kirschkuchen?«, fragte mit vollem Mund der Müllerin, obwohl sie sich schon das dritte Stück genommen hatte, und da hätte man doch glauben können, dass es ihr schmeckte. »Kein Erdbeerkuchen? Apfelkuchen? Sahnetorte?«

Da dachte der Freundliche Prinz, dass er sich nun aber unbedingt einmischen musste, darum kam er hinter dem Holunderstrauch hervor und holte tief Luft. »Es gibt doch seit Wochen keine Erdbeeren mehr!«, hatte er rufen wollen. »Die Zeit ist vorbei! Und die Äpfel sind noch lange nicht reif! Gerade gibt es eben Kirschen an den Bäumen, und darum ist Kirschkuchenzeit, warum seid ihr denn alle so unzufrieden?«

Ja, das hatte er sagen wollen, weil er es so ungerecht fand, wie die Leute über seine Mutter sprachen; aber als er jetzt die vielen Menschen mit ihren unfreundlichen Gesichtern sah, wurde er nur selbst so rot wie die Kirschen auf dem Kuchen, senkte seinen Kopf und sprach kein Wort.

Und wenn du nun findest, dass der Freundliche Prinz feige war, dann frage ich dich einfach mal: Würde es dir denn leichtfallen, wenn du zu so vielen unfreundlichen Menschen sprechen solltest? Mir jedenfalls nicht, das sage ich dir aber. Zu freundlichen Menschen, okay, das geht vielleicht, auch wenn es viele sind. Aber zu so vielen unfreundlichen? Da kann ich den Prinzen gut verstehen.

Trotzdem war der Freundliche Prinz nicht nur böse auf all die Menschen, die den Kuchen seiner Mutter nur so in sich reinstopften und trotzdem die ganze Zeit nörgelten; er war auch böse auf sich selbst, weil er nicht den Mut gehabt hatte, zu ihnen zu sprechen. Manchmal sind wir alle ja ziemlich streng mit uns, viel zu streng und strenger als andere Leute es wären; und so war es auch beim Freundlichen Prinzen.

Aber genau in diesem Augenblick kam die Gute Königin aus dem Haus und balancierte fröhlich die letzten Kuchenbleche auf ihren Armen.

»Ihr seid schon da! Wie schön, meine lieben Bürgerinnen und Bürger!«, rief sie. »Hier ist noch Kuchen für euch!«

Von der schlechten Stimmung hatte sie in ihrer Küche schließlich nichts merken können, darum dachte sie, diese Versamm-

lung wäre genauso freundlich und lustig, wie sie es früher immer gewesen war, und gleich würden ihre Untertanen als Erstes anfangen, ihren Kuchen zu loben, bevor sie dann über ernstere Fragen sprachen; aber du weißt ja, dass es dieses Mal anders war.

»Schon wieder nur Kirschkuchen?«, rief eine Bäuerin. »Ich glaube, dann geh ich jetzt. Was soll ich denn hier, wenn es nicht mal etwas Vernünftiges zu essen gibt!« Und sie drehte sich tatsächlich um und lief auf das Tor zu. Da schoben sich auch ein paar andere Leute einfach noch den Rest ihres Kuchens in den Mund, klopften sich die Krümel von den Fingern und folgten ihr.

Die Königin stand ganz starr. Sie vergaß sogar, das letzte Kuchenblech auf einem der Brettertische abzustellen.

»So wartet doch!«, rief sie. »Es tut mir leid, wenn euch mein

Kuchen nicht schmeckt! Aber wir sind hier doch nicht zusammengekommen, um Kuchen zu essen! Ich habe euch hergerufen, um zu reden und ein Problem zu lösen!« Und sie wartete, ob die Bäuerin sich umdrehen und zurückkommen würde; aber das tat sie nicht.

Ein paar von denen, die ihr gefolgt waren, blieben allerdings zögerlich stehen. So zögerlich, dass man sehen konnte: Eigentlich waren sie noch keineswegs entschieden zu bleiben.

»Wieso glaubst du eigentlich, dass du uns nur rufen musst, und schon kommen wir gesprungen?«, rief einer von ihnen. Das war der Ausrufer, der sonst durch die Straßen ging und mit lauter Stimme alle Neuigkeiten verkündete; denn sie hatten ja kein Internet und kein Fernsehen und auch keine Zeitungen im Glücklichen Land, da mussten die Nachrichten auf andere Weise zu den Menschen kommen.

»Ja, wieso glaubst du, du kannst über uns bestimmen?«, rief eine Tischlerin. »Nur weil du die Königin bist?«

Jetzt setzte die Königin das Blech doch erschrocken ab.

»Aber ich will doch gar nicht über euch bestimmen!«, rief sie. »Genau deshalb habe ich euch doch zusammengerufen! Damit wir *gemeinsam* beschließen, was getan werden kann, nun da unser Hoffnungsvogel ...«

»Eben, *du* hast uns zusammengerufen!«, rief der Schmied. »Wer gibt dir eigentlich das Recht dazu?«

»Das möchte ich auch wissen!«, rief die Tischlerin.

»Wir auch, wir auch!«, riefen die Fischerinnen.

»Aber wie sollten wir denn sonst zusammenkommen, wenn uns nicht einer zusammenruft?«, fragte die Gute Königin verwirrt. »Und bisher bin das immer ich gewesen! Aber wenn lieber einer von euch ... Wer will das denn stattdessen tun?«

Und sie wartete, dass sich irgendwer meldete.

Aber dazu hatten die Leute überhaupt keine Lust. Sie hatten einfach nur schlechte Laune und Lust zu nörgeln.

»Wer sagt denn überhaupt, dass wir reden müssen?«, rief die zierliche Ziegenhirtin. »*Du* sagst das! Wieder du, du, du! Aber wenn wir das nun nicht finden?«

»Bestimmerin!«, zischte der Maler.

Allmählich war die Gute Königin ganz verzweifelt. So etwas hatte sie ja bisher noch nie erlebt, verstehst du, und darum wusste sie auch nicht, wie sie die Menschen überzeugen konnte.

Also rief sie einfach mitten in das immer lauter werdende Gemurmel auf ihrem Rasen hinein.

»Unser Hoffnungsvogel ist fort!«, rief sie. »Habt ihr es noch nicht bemerkt? Hat ihn irgendwer in diesem Sommer gesehen? Unser Hoffnungsvogel ist fort, und darum wird das Glückliche Land unglücklicher und unglücklicher!«

Nun hätte man doch denken sollen, dass die Menschen still wurden und sich auf den Rasen setzten oder auf die wenigen Gartenstühle und endlich begriffen, dass es da ein Problem gab, das sie gemeinsam lösen mussten; aber stattdessen gab es nur Gelächter.

»Unser Hoffnungsvogel ist fort!«, rief der Schmied und versuchte mit verstellter Stimme die Königin nachzumachen. Dabei starrte er ganz verzweifelt seine Frau an. »Hast du es auch schon gemerkt, Frau? Oje, oje! Wo kann er denn nur sein?« Und er legte eine Hand über die Augen und spähte wild in alle Richtungen, bis die Menschen im Garten über sein albernes Schauspiel lachten.

»Du hast uns zusammengerufen, weil du einen kleinen Vogel vermisst?«, rief der Nachtwächter. »Ja glaubst du denn, wir hätten nichts Wichtigeres zu tun?«

»Wegen eines kleinen Vogels sollten wir herkommen?«, riefen die Fischerinnen ärgerlich. »Wegen eines albernen kleinen Vogels?«

Dann warfen sie der Königin noch einen verachtungsvollen Blick zu, und nun gingen sie wirklich alle; mit bösen Gesichtern, aber nicht, ohne sich beim Rausgehen noch schnell ein letztes Stück Kuchen zu greifen.

Die Gute Königin ließ sich auf einen Gartenstuhl sinken.

»Was habe ich falsch gemacht, mein Sohn?«, flüsterte sie verzweifelt. »Was habe ich falsch gemacht?«

Der Freundliche Prinz zuckte unglücklich mit den Achseln.

»Ich glaube nicht, dass du etwas falsch gemacht hast«, sagte er leise. »Aber jetzt bin ich ganz sicher, dass der Hoffnungsvogel schuld ist. Oder nein, natürlich ist er nicht schuld. Aber dass er verschwunden ist, damit hat das Elend angefangen.«

Dann griff er nach seiner Mundharmonika, die er immer bei sich trug, und spielte eine traurige Melodie, und die Gute Königin sah hoch in den Himmel, als ob sie hoffte, dass sie dort den Hoffnungsvogel vielleicht doch noch entdecken könnte oder dass von da wenigstens ein Rat käme. Dann richtete sie sich auf und straffte ihre Schultern.

»Und darum musst du hinausziehen in die Welt und ihn suchen, mein Sohn!«, sagte sie mit fester Stimme. »Du musst uns den Hoffnungsvogel zurückbringen.«

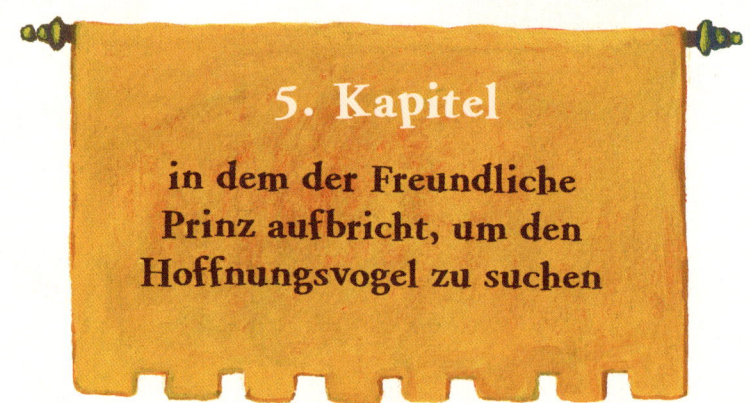

5. Kapitel

in dem der Freundliche Prinz aufbricht, um den Hoffnungsvogel zu suchen

Nun hast du womöglich gedacht, dass der Freundliche Prinz zwar zuerst vielleicht ein bisschen erstaunt guckte; dass er dann aber sofort seine Mundharmonika weglegte und sein Bündel schnürte, um tapfer in die Welt hinauszuziehen, oder? Weil er ein Prinz war, und die sind doch wohl immer mutig und tapfer?

Aber manchmal kann ein Kuhhirte ein Held sein und eine Küchenmagd eine Heldin, und nur weil man ein Prinz ist, muss man noch lange nicht mutig und tapfer sein. Manchmal kann es passieren, dass ein Prinz ganz und gar nicht so mutig ist wie seine Untertanen. Nur dummerweise ist er dann immer noch ein Prinz, und wenn sonst niemand da ist, muss er eben tun, was ein Prinz tun muss.

Aber der Freundliche Prinz versuchte trotzdem, seine Mutter umzustimmen.

»Warum muss denn ausgerechnet ich gehen?«, fragte er unglücklich. »Ich bin doch nicht stark! Und ich bin doch noch ein Kind! Warum bittest du nicht den Schmied? Der hat Muskeln wie Sandsäcke und niemand kann im Kampf gegen ihn bestehen!«

Die Gute Königin sah ihn traurig an. »Und du glaubst, der Schmied würde meiner Bitte folgen?«, fragte sie. »Oder irgendeiner von den anderen?«

Das glaubte der Freundliche Prinz natürlich nicht. Nicht mehr nach der Versammlung.

»Und du bist der Prinz, mein Sohn«, sagte die Königin. »Stark oder nicht, mutig oder nicht: Wir alle haben unsere Aufgabe, und deine Aufgabe ist es, deinem Land zu helfen. Und darum musst du den Hoffnungsvogel für uns finden.« Sie seufzte. »Ich glaube übrigens nicht, dass man dafür besonders stark sein muss«, sagte sie. »Einen Hoffnungsvogel holt man nicht mit Muskeln zurück.«

»Aber du hast doch wenigstens ein Schwert für mich?«, fragte der Freundliche Prinz ängstlich. Er erinnerte sich nämlich, dass er im Abstellschuppen hinter der Sichel und der Sense für das Gras im königlichen Garten auch ein Schwert oder einen Degen gesehen hatte, schon ganz eingestaubt. Aber seine Mutter schüttelte den Kopf.

»Einen Hoffnungsvogel holt man auch nicht mit Waffen zurück«, sagte sie. »Du selbst reichst aus dafür, mein Sohn! So wie du bist, bist du gut genug. Um unserem Land seinen Hoffnungsvogel zurückzubringen, braucht man kein Schwert.«

Aber da hatte sie sich ordentlich getäuscht, das wirst du noch erleben.

»Und warum gehst du nicht selbst?«, fragte der Freundliche Prinz bittend. Zumindest das wollte er noch versuchen. »Du bist wenigstens erwachsen! Ich bin der Prinz, aber du bist die Königin! Darum ist es doch auch deine Aufgabe!«

Die Königin nickte. »Aber weil ich die Königin bin, muss ich im Glücklichen Land bei meinen Untertanen bleiben!«, sagte sie. »Ich darf mein Volk nicht alleine lassen.« Und schon seufzte sie wieder. »Auch wenn es nicht mehr auf mich hört!«, murmelte sie. »Aber ich darf mich nicht vor meiner Aufgabe drücken, wie du dich nicht vor deiner drücken darfst.«

Da nickte der Freundliche Prinz. Weil er wusste, dass seine Mutter recht hatte und das Land erst wieder glücklich sein würde, wenn der Hoffnungsvogel zurück war. Und dass niemand sonst nach ihm suchen würde. Zwar war er vielleicht nicht der Beste für diese Aufgabe – er fand immer noch, dass der Schmied oder zumindest die starke Müllerin viel besser dafür geeignet gewesen wären! –, aber wenn sonst niemand bereit dazu war, dann musste er es eben tun, auch wenn er nur der Zweit- oder Dritt- oder sogar Letztbeste war. Wenn es sonst niemanden gibt, der helfen kann, dann ist selbst der Letztbeste plötzlich der Beste.

»Dann mach ich es«, murmelte er. »Ich pack nur noch schnell meinen Rucksack und stecke meine Mundharmonika ein.« (Also schnürte er kein Bündel, wie ich zuerst gedacht hatte, weil sie das doch im Märchen sonst immer tun, aber das ist ja auch egal. Mit einem Rucksack kann man genauso gut in ein Abenteuer ziehen.)

An der Tür nahm seine Mutter, die Gute Königin, ihn noch einmal ganz fest in ihre Arme und küsste ihn auf die schwarzen Locken. »Du bist der Tapferste von allen!«, sagte sie. »Das ist wirkliche Tapferkeit, wenn man Angst hat und sich seiner Aufgabe trotzdem stellt. Weil man versteht, dass es nötig ist.«

Da freute sich der Freundliche Prinz über das Lob, aber seine Angst war natürlich trotzdem kein bisschen kleiner geworden.

»Und wo soll ich anfangen zu suchen?«, fragte er. »Wohin, glaubst du, ist unser Hoffnungsvogel verschwunden?«

Die Königin zuckte ratlos die Achseln. »Das weiß ich so wenig wie du oder sonst irgendwer im Land!«, sagte sie. »Aber ich weiß, dass du klug bist. Das wird dir helfen.«

Dann ließ sie ihn los und strubbelte ihm nur noch einmal kurz durch die Haare. »Viel Glück, mein tapferer Sohn!«, sagte sie. »In meinen Gedanken werde ich die ganze Zeit bei dir sein.«

Na, das fand der Freundliche Prinz nun nicht so furchtbar hilf-reich. Wenn sie in echt bei ihm gewesen wäre, hätte er es besser gefunden.

Trotzdem nickte er und machte sich auf den Weg; und er drehte sich nur noch einmal um und winkte seiner Mutter über die Schulter zu. Wenn man eine Aufgabe hat, darf man nicht vor ihr weglaufen, das wusste er ja. Und er richtete seine Augen auf den Horizont und marschierte los.

6. Kapitel

in dem Jabu auf Alva trifft (zum Glück)

Ja, besonders stark war der Freundliche Prinz nicht, das habe ich dir ja schon erzählt, und besonders groß auch nicht; aber er war klug, und das kann manchmal viel wichtiger sein. Vor allem, wenn man in die Welt hinauszieht und nicht genau weiß, wohin.

Darum blieb er gleich an der ersten Weggabelung stehen. »Muss ich jetzt nach Westen ziehen oder nach Osten?«, fragte er sich. »Und was ist, wenn ich eigentlich nach Süden muss oder nach Norden?« Denn die beiden Straßen, zwischen denen er sich entscheiden musste, führten nur nach Westen oder Osten, verstehst du. Aber ein Vogel fliegt nun mal durch die Luft und braucht keine Straße, darum konnte der Hoffnungsvogel doch genauso gut im Norden oder Süden sein. Und weil es wichtig war, dass er nicht gleich am Anfang einen Fehler machte und vielleicht in die falsche Richtung ging, setzte sich der Freundliche Prinz auf einen großen Stein am Wegesrand und dachte erst mal nach.

»Wenn überall im Glücklichen Land die Menschen unglücklich sind«, sagte er sich, »dann muss ich im Glücklichen Land wohl gar nicht erst nach dem Hoffnungsvogel suchen. Bei uns im Land ist er bestimmt nirgendwo mehr. Sonst gäbe es doch wenigstens irgendwo noch Fröhlichkeit.« Das war ja schon mal ein erstes Ergebnis. »Und wenn er nicht mehr bei uns im Land ist, dann ist er vielleicht ins Land hinter den Bergen geflogen? Oder ins Land jenseits des Meeres? Woanders kann er doch nicht sein!«

Der Freundliche Prinz atmete auf. Nun gab es schließlich nur noch zwei Möglichkeiten, da hatte es mal wieder geholfen, erst in Ruhe nachzudenken, bevor er losstürmte, das sagte seine Mutter ja immer.

»Und zwei Länder kann ich schaffen!«, sagte der Freundliche Prinz, um sich selbst Mut zu machen. »Wenn ich den Vogel im ersten nicht finde, dann ziehe ich weiter ins zweite Land. Zwei Länder sind nicht zu viel für einen Jungen und auf alle Fälle besser, als wenn ich gar nichts wüsste! Jetzt muss ich nur noch entscheiden, wohin ich mich zuerst aufmachen soll.« Und er wollte gerade in seinem Rucksack nachgucken, ob es da eine Münze gab, die er werfen konnte – Kopf sollte »Land hinter den Bergen« bedeuten und Zahl »Land jenseits des Meeres« –, da tippte ihm von hinten jemand auf die Schulter.

»Was sitzt du denn hier und redest mit dir selbst?«, fragte eine Stimme, und der Freundliche Prinz war sich ziemlich sicher, dass er sie noch niemals vorher gehört hatte. Oder jedenfalls nicht bei der Versammlung an diesem Nachmittag.

»Oh, hallo!«, sagte er darum. »Ich bin doch Jabu, der Freundliche Prinz, und ich bin unterwegs in die Welt, um unseren Hoffnungsvogel zu suchen!«

»Unseren Hoffnungsvogel?«, fragte das Mädchen. Denn ein Mädchen war es, das ihm da eben auf die Schulter getippt hatte; ein Mädchen mit Haaren blond wie Stroh und bestimmt kein bisschen größer als er. »Was ist denn mit dem?«

»Er ist verschwunden!«, sagte Jabu. »Hast du das noch nicht gemerkt? Hast du noch nicht gemerkt, dass alle Menschen immer trauriger werden im Glücklichen Land?«

Das Mädchen sah ihn an und kniff die Brauen zusammen. Dann schüttelte es den Kopf.

»Wer bist *du* denn überhaupt?«, fragte der Freundliche Prinz. »Wenn du noch nicht mal so was gemerkt hast?«

Das Mädchen ließ sich neben dem großen Stein auf den Boden plumpsen. »Ich bin Alva, die Tochter der Leuchtturmwärterin!«, sagte sie. »Und ich war unterwegs, um Lampenöl zu holen!« Dabei zeigte sie auf einen Kanister, den sie am Wegrand ins Gras gestellt hatte. »Bei uns auf dem Leuchtturm merken wir nicht so schnell, was sonst so im Land los ist!«

Da nickte der Freundliche Prinz und dachte erschrocken, dass er am Abend vorher bei seiner Einladungsrunde ganz vergessen hatte, auch die Leuchtturmwärterin einzuladen. Na, so was kann schon mal passieren, wenn man viel zu erledigen hat und der Leuchtturm draußen auf einer Landspitze liegt.

Also erzählte der Freundliche Prinz Alva alles, was er wusste: vom Verschwinden des Hoffnungsvogels und der Traurigkeit der Menschen; von der verlorenen Hilfsbereitschaft und wie die Menschen untereinander immer unfreundlicher geworden waren; von der schrecklichen Versammlung im königlichen Garten am Nachmittag und davon, dass seine Mutter, die Gute Königin, nur noch einen Ausweg gesehen hatte.

»Und darum muss ich den Hoffnungsvogel finden und zurückbringen!«, sagte er und sah Alva ohne große Erwartungen an. Bestimmt würde sie jetzt über ihn lachen, wie die Menschen am Nachmittag über seine Mutter gelacht hatten.

Aber das tat Alva nicht. »Was für eine traurige Geschichte!«, sagte sie. »Und wie tapfer von dir, dass du ganz alleine losziehen willst, um unserem Land zu helfen!«

Na, das *wollte* der Freundliche Prinz ja eigentlich nicht, er hatte eben nur keine andere Wahl.

»Ich weiß aber nicht, wo ich suchen soll!«, sagte er deshalb und zeigte zuerst auf den Weg, der zu den Bergen, und dann auf den, der zum Meer führte. »Bei uns im Land ist der Hoffnungsvogel nicht, aber wo ist er sonst? Im Land jenseits des Meeres? Oder im Land hinter den Bergen?« Und er sah den Weg entlang, der zu den Bergen führte, und zum ersten Mal bemerkte er den Schnee, der auf allen Gipfeln lag. Das hatte es vorher noch nie gegeben. Da hoffte er, Alva würde nicht sagen, dass der Hoffnungsvogel bestimmt im Land hinter den Bergen zu finden war, denn er hatte wirklich keine Lust, die eisigen Gipfel zu überqueren, dafür war er auch gar nicht richtig angezogen; und Angst davor hatte er auch.

Alva sah genau wie er von den Bergen zum Meer, dann stand sie wieder auf und klopfte sich den Staub von ihrer Hose.

Aber Jabu war noch nicht fertig. »Heißt es nicht, dass sie im

Land hinter den Bergen traurig und böse sind?«, fragte er. »Hast du nicht davon gehört? Kaufleute, die dort ihre Waren verkaufen, berichten doch schon lange davon! Vielleicht ist unser Hoffnungsvogel dorthin geflogen, weil ein Hoffnungsvogel immer weiß, wo er am dringendsten gebraucht wird?« Dabei hoffte er sehr, dass Alva ihm widersprechen würde.

Und das tat sie auch. »Und was weißt du vom Land jenseits des Meeres?«, fragte sie. »Auch von dort hört man doch nichts Gutes! Ich muss das schließlich wissen, weil ich immer mit vielen Seeleuten spreche! Freundlich und fröhlich sind die Menschen nur bei uns im Glücklichen Land«, sagte sie. »Freundlich …«

»… *waren* die Menschen!«, sagte Jabu düster. »Waren sie.«

Aber Alva sprach schon weiter. »Wenn du nicht weißt, wo der Hoffnungsvogel zu finden ist, warum kommst du denn nicht zuerst mit und hilfst mir, das Öl zum Leuchtturm zu tragen?«, fragte sie und gab Jabu ein Zeichen, dass auch er aufstehen sollte. »Vielleicht weiß ja meine Mutter, die Leuchtturmwärterin, einen Rat?« Sie griff nach ihrem Kanister. »Und außerdem bist du dann schon gleich am Meer!«, sagte sie. »Da musst du sowieso hin, wenn du im Land jenseits des Meeres suchen willst.«

Da nickte der Freundliche Prinz, und ob du es glaubst oder nicht: Obwohl er Angst vor dem großen Wasser hatte, fühlte er sich ein kleines bisschen erleichtert. Denn nun war er nicht mehr alleine, und vielleicht wusste die Leuchtturmwärterin wirklich einen Rat. Also war er doch schon mal besser dran als noch vor ein paar Minuten, als er Alva noch nicht getroffen hatte.

»Du kannst mir den Kanister geben!«, sagte er deshalb. Er war ja immer hilfsbereit. »Ich trag ihn für dich.«

Und wenn du jetzt glaubst, dass Alva gesagt hätte, das wäre doch nicht nötig, sie wäre schließlich genauso stark wie er, weil

Mädchen nämlich genauso stark sein könnten wie Jungs, dann hast du dich getäuscht.

»Oh ja, vielen Dank!«, sagte sie stattdessen und reichte ihm den vollen Kanister. Sie hatte ihn schon so lange getragen, dass sie beinah glaubte, ihre Arme wären davon ein Stück länger geworden; und darum war sie froh, dass ihr jemand half, da musste sie nichts beweisen.

7. Kapitel

in dem die Leuchtturmwärterin einen Vorschlag macht

Als sie zum Leuchtturm kamen, breitete sich schon die Dämmerung über Land und Meer aus, und von ganz hoch oben im Turm fiel ein warmes Licht aus den Fenstern, das zeigte nicht nur den Seeleuten den Weg, das tröstete in der beginnenden Dunkelheit auch alle anderen Menschen, die es sahen.

Alva öffnete die knarrende Leuchtturmtür und begann als Erste, die Treppe nach oben zu steigen. Und selbst als sie schon so ungefähr die Hälfte geschafft hatte, fing sie nicht an zu schnaufen, obwohl sie doch inzwischen wieder den Ölkanister trug. Sie war ja ans Treppensteigen gewöhnt, verstehst du.

Aber Jabu war das nicht. »Wie viele Stufen noch?«, fragte er, und ein bisschen schwindelig war ihm auch, weil die Treppe sich nämlich im Kreis und im Kreis immer höher schraubte. Der Freundliche Prinz war bisher eigentlich noch nie so viele Stufen hochgestiegen.

»Bald sind wir da!«, rief Alva von oben. »Halte durch! Du hast es bald geschafft!«

Na, der Freundliche Prinz hatte ja auch gar keine andere Wahl als durchzuhalten. Aber er war sehr erleichtert, als von oben aus der Lampenstube allmählich immer mehr Licht in den Treppen-

schacht fiel und er schließlich an der geöffneten Tür angekommen war.

»Puh!«, sagte er und stützte seine Hände auf den Knien ab. Mehr sagte er erst mal nicht. Dafür hätte er nämlich gar nicht genug Luft gehabt.

Aber es war auch nicht nötig, dass er redete. »Das ist Jabu, der Freundliche Prinz!«, sagte Alva zu ihrer Mutter. Das Öl hatte sie längst neben einer der Lampen abgestellt. »Ich hab ihn an der Weggabelung getroffen. Er ist unterwegs, um nach unserem Hoffnungsvogel zu suchen!«

»Nach unserem Hoffnungsvogel?«, fragte die Leuchtturmwärterin. Sie saß auf einem hölzernen Stuhl mit einem bunten, selbst genähten Kissen vor einem kleinen Tisch – ein großer hätte ja niemals in die Lampenstube gepasst! – und vor ihr stand ein dampfender Becher Tee. Überhaupt war es in der Lampenstube sehr gemütlich, und als die Leuchtturmwärterin auf den zweiten Stuhl zeigte – mehr als zwei hätten ja niemals in die Lampenstube gepasst! –, ließ sich auch Jabu dankbar darauf fallen. Da musste Alva eben stehen. Aber das machte ihr gar nichts aus, ihr hatte schließlich auch die Treppe nichts ausgemacht. Und darum hatte sie auch immer noch genug Puste, um ihrer Mutter all das zu erzählen, was Jabu ihr an der Weggabelung erzählt hatte. Da konnte der erst mal zu Atem kommen.

»Das ist eine traurige Geschichte!«, sagte die Leuchtturmwärterin, als ihre Tochter fertig war, aber dabei lächelte sie Jabu an.

»Und wie tapfer von dir, dass du unserem Land den Hoffnungsvogel zurückbringen willst!«

Das hatte ihre Tochter ja auch schon gesagt, und weißt du
was? Allmählich fühlte Jabu sich wirklich ein bisschen mutiger.
So ist das eigentlich immer: Wenn einem andere Menschen etwas Schwieriges zutrauen, dann traut man es sich auch gleich
selbst eher zu.

Aber am glücklichsten war Jabu, weil die Leuchtturmwärterin
nicht über ihn und seine Mutter lachte, wie es die Menschen im
königlichen Garten getan hatten.

»Und wohin soll ich nun gehen?«, fragte er, als er wieder reden
konnte. »Weißt du, wo der Vogel sein könnte?«

Die Leuchtturmwärterin guckte aus einem ihrer Leuchtturm-
fenster. In der tiefschwarzen Dunkelheit sah man hie und da auf
dem Meer kleine Lichter leuchten, das waren die Schiffe, die auch
noch in der Nacht unterwegs waren: grüne Lichter an Steuerbord,
rote an Backbord und weiße hoch oben am Mast. Und weit, weit
hinter all diesen Lichtpunkten konnte man vielleicht einen kleinen, fernen Schein entdecken, wenn man daran glauben wollte.
Das war das Land jenseits des Meeres.

»Warum versuchst du es nicht zuerst dort?«, sagte die Leuchtturmwärterin und zeigte über das Wasser. »Dass sie im Land
jenseits des Meeres nicht glücklich sind, wissen wir doch schon
lange! Mir haben das die Seeleute erzählt.«

»Siehst du!«, rief Alva, als ob Jabu ihr vorhin widersprochen
hätte, dabei hatte er das doch gar nicht getan. Vielleicht war sie
ein kleines bisschen rechthaberisch?

»Morgen Früh kannst du dich auf den Weg machen!«, sagte die
Leuchtturmwärterin. »Aber vorher holst du dir noch mal eine or-

dentliche Mütze voll Schlaf hier bei uns im Leuchtturm, Freundlicher Prinz. Und davor gibt es etwas zu essen.«

»Für mich auch!«, sagte Alva entschieden.

Die Leuchtturmwärterin war schon aufgestanden, und ob du es nun glaubst oder nicht: So winzig die Lampenstube auch war, es gab trotzdem einen kleinen Herd, auf dem hörte Jabu jetzt eine Suppe leise in einem Topf blubbern.

Nun denkst du vielleicht, schon wieder Suppe! Aber der Freundliche Prinz dachte das nicht. Wenn man Hunger hat, freut man sich über jedes Essen. Und es war außerdem eine sehr leckere Suppe.

»Nun rolle ich dir eine Matratze aus!«, sagte die Leuchtturmwärterin. »Denn wer einen Hoffnungsvogel sucht, muss ausgeschlafen sein.«

Und obwohl doch in der Lampenstube die ganze Nacht das Leuchtfeuer brannte, schlief Jabu tief und fest bis zum nächsten Morgen. Es war schließlich ein anstrengender Tag gewesen.

8. Kapitel

in dem Alva beschließt, Jabu nicht alleine zu lassen

Als Jabu am nächsten Morgen erwachte, stand die Leuchtturmwärterin am Tisch und schnitt Brotscheiben von einem schweren schwarzen Laib, schon angezogen und alles.

»Jetzt gibt es ein ordentliches Frühstück für dich!«, sagte sie fröhlich. »Wer einen Hoffnungsvogel finden will, braucht genug zu essen. Darum hab ich dir auch Brote für den Weg gemacht. Mit leerem Magen ist niemand ein Held.«

Da bekam Jabu einen Schrecken, weil er eigentlich gar nicht gedacht hatte, dass er ein Held sein müsste. Aber sollte es nötig werden, wollte er es auf alle Fälle lieber mit vollem Magen sein als mit leerem.

»Schmier gleich ein paar Brote mehr!«, rief Alva von ihrer Matratze und gähnte. Sie war also auch gerade erst aufgewacht. »Ich geh nämlich mit!«

»Du gehst was?«, fragte ihre Mutter, die Leuchtturmwärterin, und ließ erschrocken das Messer sinken, mit dem sie gerade eine wunderbar duftende Paste auf ein Stück Brot gestrichen hatte.

»Ich geh mit!«, sagte Alva und stand auf. »Findest du etwa, wir können ihn alleine ziehen lassen? Ich kenne mich wenigstens aus auf der See, und wenn er ins Land jenseits des Meeres will, muss er über das Wasser!« Jetzt sah sie Jabu an. »Kannst du ein Boot steuern?«, fragte sie, und als Jabu verblüfft den Kopf schüttelte, weil er darüber nämlich noch überhaupt nicht nachgedacht hatte, nickte Alva zufrieden. »Hab ich mir doch gedacht!«, sagte sie. »Und wie wolltest du über das Meer kommen?«

Na, ich hatte ja schon vermutet, dass sie ein bisschen rechthaberisch war.

Trotzdem freute Jabu sich so sehr, dass ein ganz warmes Gefühl in ihm wuchs und sich immer weiter ausbreitete, bis er rundum ganz und gar glücklich war. Er musste nicht mehr alleine hinaus in die Welt! Er hatte eine Gefährtin, und die konnte sogar ein Boot über das Meer steuern! Da durfte sie ruhig ein bisschen rechthaberisch sein.

Aber glaub nicht, dass die Leuchtturmwärterin nun sofort losgelegt und noch mehr Brote geschmiert hätte.

»Du weißt, dass die Reise gefährlich werden kann, Alva, meine Tochter?«, fragte sie leise. »Der Prinz ist ein Prinz, darum hat er keine Wahl. Aber du bist die Tochter der Leuchtturmwärterin. Warum solltest du dich der Gefahr aussetzen?«

Ihre Tochter starrte sie an. »Der Prinz ist ein Prinz, das ist wahr!«, sagte sie kämpferisch. »Aber ich bin ein Mädchen, das weiß, wann es gebraucht wird, und jetzt werde ich gebraucht: Darum habe ich auch keine Wahl! Verstehst du das nicht? Hast du mich nicht genau so erzogen?«

Da nickte die Leuchtturmwärterin und strich ihrer Tochter über die schlafverstrubbelten Haare. »Das habe ich«, murmelte sie. »Ich hatte nur gehofft ...«

»Dass es niemals nötig werden würde?«, rief Alva. »Hast du es also gar nicht ernst gemeint? Aber nun *ist* es nötig, und darum gehe ich mit dem Prinzen.« Dann fiel ihr etwas ein. »Aber ich gehe lieber mit ihm, wenn du es mir erlaubst!«, sagte sie. »Erlaubst du es mir?« Und sie sah ihre Mutter an mit einem Blick, den du bestimmt kennst, weil du deine Eltern auch manchmal so anguckst, wenn du etwas tun willst und genau weißt, sie möchten es dir eigentlich nicht erlauben.

Die Leuchtturmwärterin seufzte. Aber dann lächelte sie doch. »Ich bin stolz auf dich, Alva, meine Tochter!«, sagte sie. »Doch, ich bin stolz auf dich. Darum mache ich euch jetzt noch mehr Brote, und Äpfel aus dem vorigen Herbst gebe ich euch auch mit. Ihr seid zwei tapfere Kinder.«

9. Kapitel

in dem Alva eine gute Idee hat

Nach dem Frühstück (es hatte nicht nur Marmelade und Käse, sondern sogar Spiegeleier gegeben!) schulterte Jabu wieder seinen Rucksack und Alva gab ihrer Mutter einen ordentlichen Kuss auf die Wange, bevor sie sich den Beutel mit dem Reiseproviant über die Schulter warf.

Aber bevor sie die Treppe nach unten steigen konnte, griff Jabu nach ihrem Arm und hielt sie zurück.

»Was ist«, fragte er und dabei sah er nicht Alva, sondern die Leuchtturmwärterin an, »wenn wir auf unserem Weg in Gefahr geraten? Du hast selbst gesagt, dass das passieren könnte, Leuchtturmwärterin! Wir sind doch nur zwei Kinder auf der Suche nach dem Hoffnungsvogel, und wir sind ganz alleine und ohne Waffen! Vielleicht hast du ein Schwert für uns? Oder einen Degen?« Obwohl er natürlich wusste: Es war nicht sehr wahrscheinlich, dass eine Leuchtturmwärterin solche Sachen in ihrer Lampenstube aufbewahrte.

Du erinnerst dich, um eine Waffe hatte Jabu seine Mutter auch schon gebeten. Aber genau wie die Königin schüttelte jetzt auch die Leuchtturmwärterin ihren Kopf. »Einen Hoffnungsvogel bringt man nicht mit Waffen zurück!«, sagte sie, na, das kannte der Freundliche Prinz ja schon. Aber wenigstens sah die Leucht-

turmwärterin auf einmal doch ein bisschen nachdenklich aus. Sie holte tief Luft. »Ein Schwert habe ich nicht für euch, aber ich habe eine Melodie.«

»Eine Melodie?«, wollte Jabu fragen, weil das schließlich etwas ganz anderes war als ein Schwert, aber da hatte die Leuchtturmwärterin schon angefangen zu singen. Und ihre Stimme war so voll und so klar und die Melodie so wunderschön, dass die Kinder ihr ganz verzaubert zuhörten. Du weißt ja, manchmal passiert etwas in uns drin, wenn jemand singt.

Dann war die Leuchtturmwärterin still. »Habt ihr das gehört?«, fragte sie leise. »Habt ihr euch das gemerkt?«

Jabu nickte. »Danke dafür!«, sagte er, obwohl er nicht wusste, was eine Melodie ihnen bei ihrer Suche nützen konnte. Aber sie war trotzdem wunderschön gewesen.

»Spiel sie einfach auf deiner Mundharmonika!«, sagte die Leuchtturmwärterin. Und das tat Jabu auch, und die Melodie gab ihm ein warmes, tröstliches Gefühl.

Alva seufzte. »Wenn das das Einzige ist, was du uns mitgeben willst, dann wünsch uns wenigstens Glück!«, sagte sie. »Ich hätte ein Schwert ja besser gefunden.« Sie zuckte die Achseln. »Und drück uns die Daumen! Wenn wir den Hoffnungsvogel finden, sind wir bald wieder zu Hause.« Dann stieg Alva endlich die Treppe nach unten, und diesmal hielt Jabu sie nicht mehr zurück; und in seinem Kopf klang noch immer die Melodie der Leuchtturmwärterin.

Als sie die Leuchtturmtür öffneten und ins Freie traten, stand die Sonne schon eine Hand breit über dem Horizont und wärmte ihre Gesichter; und das Wasser glitzerte einladend unter ihren Strahlen. Da sah das Meer kein bisschen gefährlich aus.

»Und woher bekommen wir jetzt ein Boot?«, fragte Jabu.

»Wir fragen die Fischerinnen!«, sagte Alva energisch und machte sich schon auf den Weg in Richtung Hafen. »Eine von ihnen kann uns ihren Kutter leihen oder vielleicht sogar selbst mit uns kommen! Es gibt doch so viele Fischerboote im Hafen!«

Aber Jabu war stehen geblieben, und nach ein paar Schritten merkte Alva, dass er ihr nicht mehr folgte. »Worauf wartest du?«, fragte sie ungeduldig. »Wenn wir das Land jenseits des Meeres noch im Hellen erreichen wollen, sollten wir uns beeilen!«

»Es hat keinen Sinn!«, sagte Jabu. »Alva, zum Hafen müssen wir gar nicht erst gehen! Keine der Fischerinnen und auch kein Fischer wird uns ein Boot leihen! Du hast sie gestern bei der Versammlung nicht gehört!«

Nun blieb auch Alva stehen.

»›Wegen eines albernen Vogels hast du uns hergerufen?‹, haben sie meine Mutter gefragt. ›Ja glaubst du denn, wir haben nichts Wichtigeres zu tun?‹ Dann haben sie sich noch ordentlich Kuchen genommen und sind verschwunden. Die Fischerinnen glauben nicht daran, dass wir den Hoffnungsvogel finden müssen, Alva. Und darum werden sie uns auch nicht helfen.«

»Oh!«, sagte die Tochter der Leuchtturmwärterin und starrte Jabu an. Wahrscheinlich hatte sie die ganze Zeit geglaubt, es würde einfach sein, ein Boot aufzutreiben. Aber nun begriff sie, dass es das erste Problem schon gab, bevor sie überhaupt so richtig aufgebrochen waren.

Dann leuchteten ihre Augen auf. »Der Kühne Kapitän!«, rief sie. »Ich wette, der freut sich sogar, wenn wir ihn fragen! Der hat doch früher so viele Abenteuer erlebt, und er redet immerzu davon! Und wenn er auf eine Tasse Tee bei uns im Leuchtturm vorbeikommt, erzählt er meiner Mutter, wie sehr er sich die guten alten, abenteuerlichen Zeiten zurückwünscht! Der Kühne Kapitän ist bestimmt ganz begeistert, wenn wir ihm ein neues Abenteuer vorschlagen!« Und schon drehte sie sich um und lief eilig in der entgegengesetzten Richtung am Wasser entlang. Das Schiff des Kühnen Kapitäns lag nämlich nicht im Hafen, wie du gleich merken wirst.

»Das ist eine tolle Idee!«, rief Jabu und spürte, wie ihm ein Stein vom Herzen fiel. »Ja, auf zum Kühnen Kapitän!«

10. Kapitel

in dem Jabu und Alva den Kühnen Kapitän besuchen

Den Kühnen Kapitän hatte Jabu zwei Abende vorher genauso wenig zur Versammlung im königlichen Garten eingeladen wie die Leuchtturmwärterin, und allmählich fragte er sich, wen er vielleicht noch alles vergessen hatte.

Aber jetzt gab es Wichtigeres zu bedenken: ob der Kühne Kapitän genauso über ihre Bitte lachen würde, wie der Schmied über seine Mutter gelacht hatte, nämlich; oder genauso schimpfen wie die Fischerinnen. Das konnte man nicht wissen, er war schließlich nicht auf der Versammlung gewesen. Und Jabu hoffte sehr, dass der Kühne Kapitän tatsächlich Lust haben würde, mit ihnen den Hoffnungsvogel zu suchen. Schon weil er doch immer sagte, wie sehr er sich nach neuen Heldentaten sehnte, und weil er darüber klagte, wie sehr es im Glücklichen Land an Abenteuern mangelte. Viele Menschen gingen ihm sogar schon aus dem Weg. Sie wollten nämlich nicht ständig seine Geschichten darüber hören, was für ein Held er früher einmal gewesen war.

Eigentlich war Jabu sich darum beinahe sicher, dass der Kühne Kapitän ganz begeistert von ihrem Vorschlag sein würde.

Das Schiff des Kühnen Kapitäns lag nicht im Hafen wie die Schiffe der Fischerinnen, das hast du ja schon mitgekriegt, und es lag auch nicht etwa ein kleines Stück vor der Küste im Wasser auf

Reede: Das Schiff des Kühnen Kapitäns lag an Land, aufgebockt auf einem hölzernen Gerüst, und da lag es schon so lange, dass sich niemand im Glücklichen Land daran erinnern konnte, es jemals im Wasser gesehen zu haben. Durch den schwarz-weiß gestrichenen Rumpf kroch hier und da der Rost; der Bugspriet war auf halber Länge abgebrochen; zwischen den Decksplanken wucherten fröhlich und wild sogar Sträucher und Bäume, die hatten die Vögel im Vorbeifliegen ausgesät (du weißt schon, wie!), und die spendeten dem Kapitän im Sommer Schatten. Und den Schiffsnamen »Heldenhafte Helene« konnte man kaum noch erkennen. Aber aus dem rostigen Ofenrohr, das oben aus dem Dach der Kajüte ragte, kam Rauch, darum wussten die Kinder, dass der Kapitän zu Hause war.

»Kühner Kapitän!«, rief Alva. Dabei legte sie ihren Kopf in den Nacken und hielt die Hände an den Mund wie einen Trichter, damit der Kapitän sie oben in seiner Kajüte hören konnte. Und solltest du dich wundern, dass sie ihn nicht bei seinem Namen rief, dann erkläre ich dir auch das noch schnell. Der Kühne Kapitän hatte einfach so viel und so oft von seinen Heldentaten erzählt, dass ihn nun alle nur noch »Kühner Kapitän« nannten, und seinen richtigen Namen kannte im Glücklichen Land nie-

mand mehr. »Kühner Kapitän, hier sind die Tochter der Leucht-turmwärterin und der Freundliche Prinz und wollen mit dir spre-chen!«

Du hast natürlich gemerkt, dass sie sich selbst zuerst genannt hatte und den Freundlichen Prinzen erst danach? Sehr höflich war das ja nicht gerade. Aber Jabu war das egal.

»Kühner Kapitän!«, rief Alva noch einmal. »Hast du nicht gehört? Hier sind die Tochter der Leuchtturmwärterin und der Freundliche Prinz ...«

»Ja, ja, ja!«, rief der Kühne Kapitän. Er hatte die Tür seiner Kajüte geöffnet und guckte zu ihnen nach unten über ein dickes Seil hinweg, das sollte die Reling sein. Früher war sie natürlich aus Holz gewesen, aber das war im Laufe der Jahre in Regen, Sonne, Sturm und Frost allmählich verrottet, und ein Seil tut es als Reling schließlich auch, wenn man vorsichtig ist. »Seid ihr gekommen, um von meinen Abenteuern zu hören?«

Jabu warf Alva einen Blick zu. Sie kannte den Kühnen Kapitän ja besser als er und wusste, was zu sagen war, darum sollte sie auch lieber antworten.

Aber Alvas Antwort überraschte ihn dann doch. »Unbedingt, Kühner Kapitän, unbedingt!«, rief sie nämlich voller Begeisterung. »Wir wollen von deinen mutigen Taten hören!«

Jabu wollte sie gerade anstoßen, weil sie deshalb doch überhaupt nicht gekommen waren, aber da hatte der Kühne Kapitän schon eine Strickleiter nach unten geworfen, die reichte fast bis auf den Boden. »Dann kommt am besten hoch in meine Kajüte, damit ich nicht so brüllen muss, wenn ich euch von meinen Heldentaten berichte!«, rief er.

Und das ließen die Kinder sich nicht zweimal sagen, obwohl Jabu allmählich schon ein bisschen ungeduldig wurde. Schließlich mussten sie doch bald aufbrechen, wenn sie noch im Hellen das Land jenseits des Meeres erreichen wollten! Aber wenn Alva dachte, dass sie zuerst zum Kapitän nach oben steigen und seinen Geschichten zuhören mussten, dann tat er das eben auch.

Das Schiff war übrigens höher, als Jabu von unten gedacht hatte, und er war vorher auch noch nie eine Strickleiter nach oben geklettert; die schwankte mehr, als er es sich vorgestellt hatte, und ein bisschen unheimlich war ihm das schon. Aber er konnte doch nicht schon jetzt schlappmachen, noch ehe sie überhaupt so richtig aufgebrochen waren! Darum setzte er tapfer Fuß über Fuß und griff Hand über Hand nach den Sprossen, und als er oben angekommen war, fand er es ganz praktisch, dass die Reling nur aus einem Seil bestand, da konnte er prima unterdurch kriechen.

»Du hast es geschafft, mein Junge!«, sagte der Kühne Kapitän mit seiner tiefen, dröhnenden Stimme und legte ihm eine Hand auf die Schulter. »Willst du vielleicht mein Schiffsjunge werden?«

Zu Alva sagte er das nicht, die war ja schon so oft bei ihm oben gewesen, da musste er sie nicht mehr loben. Und übrigens hatte sie ihm auch schon ein paarmal gesagt, dass sie nicht sein Schiffsmädchen werden wollte.

Aber bei diesem Besuch antwortete sie trotzdem ganz begeistert, bevor Jabu noch den Mund aufmachen konnte. »Das will der Freundliche Prinz, Kühner Kapitän, unbedingt!«, rief sie. »Und ich will dein Schiffsmädchen werden! Und wir wissen sogar schon, wohin unsere erste Reise geht!«

Na, war das nicht schlau von ihr? Aber du wirst gleich merken, dass es immer noch nicht schlau genug war.

»Bevor ihr eure Vorschläge macht, solltet ihr euch zuerst meine Geschichte anhören«, sagte der Kühne Kapitän. »Da könnt ihr was lernen! Und wie wollt ihr sonst wohl entscheiden, ob ihr euch überhaupt traut, mit einem Helden wie mir auf große Fahrt zu gehen? Nein, nein, kommt erst mal in meine Kajüte!«

11. Kapitel

in dem der Kühne Kapitän Tee kocht und vielleicht gar nicht so kühn ist

Du kannst dir vorstellen, dass Jabu immer ungeduldiger wurde, als der Kühne Kapitän nun auch noch einen Wasserkessel auf seinen Bollerofen stellte.

»Tee!«, murmelte er zufrieden. »Bei einem leckeren Tee lauscht man spannenden Geschichten doch noch viel lieber! Habt ihr davon gehört, wie ich unser Glückliches Land ganz alleine vor den wilden Piraten beschützt habe, mit meiner Schiffskatze als einziger Besatzung?« Und er sah sie erwartungsvoll an wie ein kleines Kind vor der Weihnachtsbescherung, so sehr freute er sich darauf, ihnen davon berichten zu können. Die Schiffskatze, übrigens, war in ihren Korb geflohen, sobald die Kinder die Kajüte betreten hatten, und von da aus betrachtete sie nun misstrauisch das Geschehen.

»Die Geschichte ist bekannt, Kühner Kapitän!«, sagte Alva. »Und wir bewundern dich sehr! Aber heute hast du nun endlich die Gelegenheit zu einer weiteren Heldentat, und ...«

Da pfiff der Wasserkessel und der Kühne Kapitän füllte seine geblümte Teekanne.

»Und die Geschichte, wie ich drei Handelsschiffe aus dem fürchterlichsten Sturm gerettet habe, den dieses Meer jemals erlebt hat?«, rief er und holte drei schon ein bisschen abgestoßene

Becher aus seinem Küchenschrank. Der war auch schon ein biss-chen abgestoßen. »Ganz alleine, und nur mit meiner Schiffskatze als einziger ...«

»Auch diese Geschichte ist bekannt, Kühner Kapitän!«, sagte Alva, jetzt vielleicht schon ein bisschen ungeduldiger. »Und wir bewundern dich sehr! Aber heute hast du nun endlich die Gele-genheit zu einer weiteren Heldentat, und ...«

Vielleicht hatte der Kühne Kapitän sie gar nicht gehört, jeden-falls schenkte er schon Tee in die Tassen. Na, ich weiß nicht, ob der lange genug in der Kanne gezogen hatte.

»Aber die Geschichte, wie ich mit leeren Händen aufgebrochen bin in ferne Lande und zurückgekommen mit dem größten Schatz, den unser Glückliches Land jemals gesehen hat?«, rief er. »Ganz alleine und nur mit meiner Schiffskatze als einziger Be-satzung?«

Jabu merkte, dass inzwischen auch der Kühne Kapitän ungeduldig wurde. Er hatte sie eingeladen, um ihnen von seinen Heldentaten zu berichten, und nun wollten sie die nicht hören!

»Kühner Kapitän, auch diese Geschichte ist bekannt im ganzen Land, und für deinen Mut bewundern dich alle!«, sagte Alva trotzdem tapfer. »Genau deshalb sind wir ja zu dir gekommen! Niemand kann dem Freundlichen Prinzen und mir bei unserer großen Aufgabe so sehr helfen wie du mit deinen Erfahrungen und deinem Heldenmut, aber leider drängt die Zeit!«

Der Kühne Kapitän schlürfte einen Schluck Tee und sah Alva über den Rand seines Bechers ein bisschen unfreundlich an.

»Natürlich gibt es niemanden im Glücklichen Land, der sich mit Heldentaten so auskennt wie ich!«, sagte er. »Auch das ist gewiss bekannt! Aber egal, was es ist, im Augenblick fehlt mir die Zeit! Ich muss unbedingt alle meine Heldentaten aufschreiben, damit der Nachwelt die Erinnerung daran nicht verloren geht! Ihr versteht, ich kann euch nicht helfen, so gerne ich es täte! Zu einer anderen Zeit unbedingt!« Und er nahm noch einen Schluck.

»Zu einer anderen Zeit ist es zu spät!«, rief Alva. »Unser Hoffnungsvogel ist schon viel zu lange verschwunden, und wir müssen ihn suchen!«

Der Kapitän starrte sie an. »Unser Hoffnungsvogel, so, so!«, murmelte er. »Aber ich sagte ja schon, im Augenblick ...«

»Und deshalb müssen wir ins Land jenseits des Meeres!«, rief Alva. »Du weißt selbst, welche Gefahren uns auf dem Weg begegnen könnten, darum brauchen wir dich! Wir sind doch nur zwei Kinder ganz ohne Waffen, aber du bist ein kampferfahrener Kapitän! Und wer weiß, wem wir auf dem Wasser und im Land jenseits des Meeres begegnen werden? Seeungeheuern, Piraten, Räubern! Da brauchen wir deine Hilfe!«

Der Kühne Kapitän griff nach der geblümten Teekanne und schenkte sich nach, aber dabei zitterte seine Hand diesmal so sehr, dass ein bisschen vom Tee neben seinem Becher auf den Tisch tropfte. Zum Glück hatte das Tischtuch sowieso schon ordentlich viele Flecken, da machte es nicht so viel aus.

»Oh, das verstehe ich, das verstehe ich!«, rief der Kühne Kapitän. »Wer sollte euch bei einer gefährlichen Aufgabe so gut helfen können wie ich? Gegen Seeungeheuer, Piraten und Räuber? Aber leider fehlt mir im Augenblick absolut die Zeit! Schade, schade! Ihr könnt euch gar nicht vorstellen, wie sehr ich das bedauere! Aber für euer Abenteuer müsst ihr euch einen anderen Begleiter suchen.«

»Was?«, sagten Jabu und Alva gleichzeitig. Damit hatten sie nun überhaupt nicht gerechnet. »Dein Buch kann doch wohl noch ein bisschen warten!«, rief Alva. »Findest du nicht, dass der Hoffnungsvogel jetzt wichtiger ist?«

Der Kühne Kapitän wiegte seinen Kopf hin und her, und wenn man genau hinguckte, konnte man sehen, dass ihm das Gespräch allmählich unangenehm wurde. »Der Hoffnungsvogel, sicher, der Hoffnungsvogel!«, brummte er. »Andererseits: Hat das Land jemals einen Helden erlebt wie mich? Sollte darum nicht das Andenken an meine Heldentaten bewahrt werden für zukünftige Generationen? Und deshalb muss ich erst mein Buch vollenden!« Inzwischen klang seine Stimme doch wieder sehr energisch. »Und ihr müsst euch einen anderen Begleiter suchen!«

»Feigling!«, zischte Alva und der Freundliche Prinz zuckte erschrocken zusammen. Sie würden den Kapitän wohl kaum mit Beleidigungen überreden! Darum mischte er sich zum ersten Mal in das Gespräch ein.

»Sie hat es nicht so gemeint, Kühner Kapitän!«, rief er. »Wir

wissen doch alle von deinen Heldentaten! Genau darum wünschen wir uns doch auch *dich* als Begleiter und keinen anderen. Und sonst besitzt außerdem niemand ein Schiff! Wie sollten wir denn ohne dich ins Land jenseits des Meeres kommen?«

Schon wieder schenkte sich der Kühne Kapitän Tee in seinen Becher. Ich glaube ja, das tat er, damit er nicht antworten musste.

»Denk doch, wie man im Glücklichen Land jahrhundertelang davon berichten wird, wenn du den Hoffnungsvogel zurückbringst!«, sagte Jabu. »Alle werden dir dankbar sein! Und alle werden dich bewundern!« Er zögerte. »Noch mehr, als sie das sowieso schon tun, meine ich.«

Der Kühne Kapitän hob langsam den Kopf. »Das ist wahr, das ist wahr!«, murmelte er. »Trotzdem ... Mein Buch ...« Dann starrte er Jabu an, als wäre ihm plötzlich die Lösung eingefallen. »Aber wenn es euch nur darum geht, wie ihr über das Meer kommen könnt: Mein Schiff will ich euch gerne geben! Dann wird es im Glücklichen Land später heißen, dass der Hoffnungsvogel nur durch die Großzügigkeit des Kühnen Kapitäns zurückgebracht werden konnte! Nur weil ich euch mein Schiff geliehen habe! Auch wenn ich selbst leider nicht ...« Und er zuckte kummervoll die Achseln, aber vielleicht sah er doch auch ein bisschen erleichtert aus.

Jabu warf Alva einen Blick zu, und Alva seufzte. »Dann danken wir dir sehr, Kühner Kapitän!«, sagte sie. Täusche ich mich, oder war da vielleicht so etwas wie Verachtung in ihrer Stimme? »Dann gib uns eben nur dein Schiff. Das Glückliche Land wird deine Großzügigkeit preisen!« Sie stand auf und schob ihren Stuhl nach hinten. »Und wie bekommen wir die ›Heldenhafte Helene‹ nun ins Wasser?«

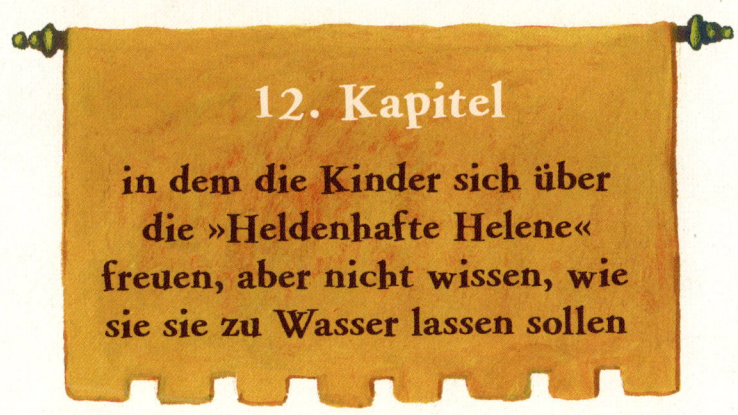

12. Kapitel

in dem die Kinder sich über die »Heldenhafte Helene« freuen, aber nicht wissen, wie sie sie zu Wasser lassen sollen

Ich weiß ja nicht, wie es dir gerade geht, aber ich habe das Gefühl, es war ein Glück, dass der Kühne Kapitän nicht mitkommen wollte. Der hätte doch immer nur mit seinen Heldentaten geprahlt! Langsam frage ich mich sogar, ob an all seinen Geschichten überhaupt etwas Wahres dran war. Vielleicht hatte Alva ja recht und er war wirklich ein Feigling und alles war nur Seemannsgarn?

Für die Kinder jedenfalls war im Augenblick nur wichtig, dass sie ein Schiff hatten und endlich aufbrechen konnten ins Land jenseits des Meeres. Aber leider merkten sie schnell, dass das wohl doch nicht so einfach sein würde. Ein Schiff, das an Land liegt, ist ja nicht zu viel nütze, wenn man über das Meer fahren will!

»Und wie kriegen wir das Schiff jetzt ins Wasser?«, fragte darum auch Jabu. »Kühner Kapitän, du bist mit der ›Heldenhaften Helene‹ doch über die Meere gedampft, du musst doch wissen, wie man sie zu Wasser lässt!«

Aber der Kühne Kapitän hatte schon begonnen, eilig Sprosse über Sprosse die Strickleiter nach unten zu klettern, und sehr glücklich sah er dabei nicht aus, das muss ich sagen. Übrigens hatte er überhaupt nichts zum Schreiben dabei, kein Heft und keinen Stift und auch sonst kein Papier, und was das nun bedeuten soll, wenn er doch so dringend sein Buch fertig schreiben wollte, kann ich dir nicht sagen.

Erst als er unten angekommen war, antwortete er endlich. »Freundlicher Prinz!«, rief er nach oben. »Natürlich weiß ich, wie man mein Schiff zu Wasser lässt! Schließlich bin ich hundertmal mit der ›Helene‹ hinausgefahren auf die raue See! Aber nun habe ich wirklich keine Zeit mehr, es euch zu erklären, ich muss mein Buch ...« Und damit drehte er sich um und fing fast an zu rennen, und wohin kann ich dir nicht sagen. Aber jedenfalls weg von seinem Schiff, das war ihm wohl das Wichtigste.

»Feigling!«, zischte Alva wieder. »Jede Wette, er hat keine Ahnung, wie man sein Schiff ins Wasser bekommt?«

Jabu schüttelte den Kopf. »Aber das muss er doch!«, sagte er. »Wie konnte er denn sonst seine Abenteuer bestehen?«

Alva schnaubte. »Ich glaube, dieses Schiff war noch niemals auf dem Meer!«, sagte sie. »Und der Kapitän hat auch keine Heldentaten vollbracht! Jetzt ist er schließlich auch zu feige, um mitzukommen!«

Aber das mochte Jabu nun doch nicht glauben. »Er kommt nicht mit, weil er sein Buch schreiben muss!«, sagte er. »Darum hat er keine Zeit!«

»Sein Buch?«, rief Alva. »Und wo hatte er das Papier?«

Na, das hatte ich mich ja auch schon gefragt.

»Jedenfalls lohnt es nicht, auch nur noch einen Gedanken an den Kapitän zu verschwenden!«, sagte Alva. »Wir haben sein Schiff, und darum ist es uns doch gegangen. Jetzt müssen wir nur noch herausfinden, wie wir es zu Wasser lassen können.«

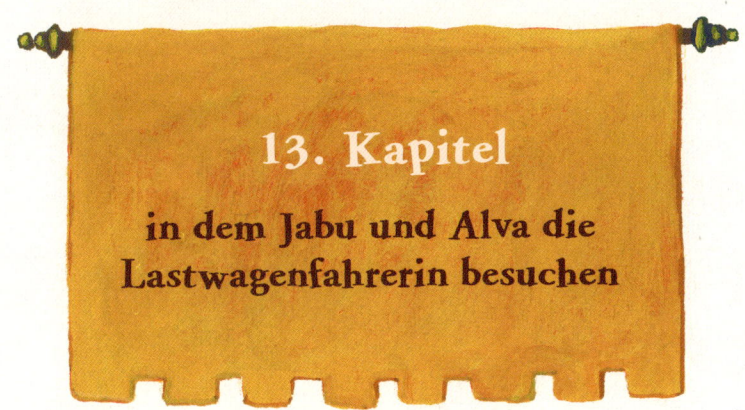

13. Kapitel

in dem Jabu und Alva die Lastwagenfahrerin besuchen

Ja, das war jetzt die Frage! Wie bekamen die beiden das schwere Schiff vom Land aufs Meer?

»Wir brauchen jemanden, der stark genug ist und es dorthin schleppt!«, sagte Jabu.

»Die Bauern und Bäuerinnen mit ihren Ochsen und Pferden und Traktoren müssen wir wohl gar nicht erst fragen!«, sagte Alva. »Du hast doch erzählt, dass sie sich gestern nur über den Kuchen beschwert haben und dann gegangen sind.«

»Das stimmt!«, murmelte Jabu. Aber wer sonst hatte denn im Glücklichen Land noch ein Fahrzeug, das stark genug war, so ein Schiff zu schleppen?

»Lakshmi, die Lastwagenfahrerin!«, rief er. »Sie könnten wir fragen!«

Jabu hatte Lakshmi zwar zur königlichen Versammlung eingeladen, daran erinnerte er sich nun wieder; aber erst jetzt fiel ihm auf, dass sie dann nicht dabei gewesen war. »Naturlich, die Lastwagenfahrerin! Vielleicht ist sie bereit, uns zu helfen!«

»Dann nichts wie hin!«, sagte Alva. Und so machten sie sich auf den Weg.

Lakshmi, die Lastwagenfahrerin, lebte in einem kleinen gemütlichen Haus gar nicht so weit vom Strand, und Jabu und Alva

waren noch längst nicht angekommen, da hörten sie schon lautes Lachen und Rufen; und als sie näherkamen, sahen sie, dass Lakshmis Kinder im Vorgarten auf einem alten, alten Lastwagen herumturnten. Fünf Kinder waren es, kleine und große, und man merkte ihnen kein bisschen an, dass dem Land der Hoffnungsvogel fehlte. Sie kletterten auf die Ladefläche und weiter aufs Dach der Fahrerkabine, sprangen von dort auf die Motorhaube und schließlich auf den Boden; und sie tobten überhaupt so vergnügt herum, dass sie ganz bestimmt keinen Trost brauchten.

Die Haustür stand offen, und weil Jabu und Alva ja nicht mit den Kindern, sondern mit ihrer Mutter sprechen wollten, klopfte der Freundliche Prinz so laut wie möglich gegen den Türrahmen. »Lastwagenfahrerin?«, rief er. »Hallo, Lastwagenfahrerin, bist du da?« Auf dem ganzen Weg hatte er schon überlegt, warum Lakshmi wohl am Tag vorher nicht zur Versammlung gekommen war, und er hatte ein bisschen Angst davor, was für eine Antwort sie ihnen auf ihre Bitte geben würde.

»Ach, ihr seid es!«, rief die Lastwagenfahrerin freundlich, als sie das Klopfen endlich gehört hatte und zur Tür gekommen war. Auf dem Arm trug sie ihr jüngstes Kind. »Willkommen, Freundlicher Prinz! Willkommen, Tochter der Leuchtturmwärterin! Wollt ihr nicht hereinkommen?«

Das war doch schon mal ein guter Anfang.

»Vielen Dank, liebe Lakshmi!«, sagte Alva. »An anderen Tagen gerne! Aber jetzt haben wir eine wichtige Aufgabe zu erfüllen, und nur du kannst uns helfen!«

»Oh?«, sagte die Lastwagenfahrerin fragend und klopfte ihrem Baby auf den Rücken. Vielleicht hatte es gerade getrunken und sollte nun sein Bäuerchen machen. Na, wenigstens sagte sie nicht gleich Nein.

»Wir müssen unseren Hoffnungsvogel zurückholen!«, sagte Jabu mutig. »Und dazu ...«

»Ist der denn verschwunden?«, fragte die Lastwagenfahrerin und runzelte die Stirn. »Das hatte ich noch gar nicht bemerkt!« Und das glaubten Jabu und Alva ihr sofort, weil es in ihrem Garten so fröhlich zuging.

»Doch, er ist wirklich verschwunden!«, sagte Alva. »Hast du nicht gemerkt, wie das ganze Land sich gerade verändert? Schon lange ist es doch kein Glückliches Land mehr!«

»Oh!«, sagte die Lastwagenfahrerin wieder, aber dann nickte sie nachdenklich. »Ja, ihr habt recht! Als ich vor einer Woche mit meinem Lastwagen für die Bauern das Getreide zur Mühle gefahren habe, gab es kein einziges Lächeln; nicht bei den Bauern, als ich das Korn abgeholt habe, und nicht bei der Müllerin! Den ganzen Weg nach Hause habe ich überlegt, was ich wohl falsch gemacht haben könnte, weil sie so unfreundlich waren.«

»Gar nichts!«, rief Alva. »Gar nichts hast du falsch gemacht! Aber die Menschen sind unglücklich im Glücklichen Land, und weil sie unglücklich sind, sind sie ungeduldig und unfreundlich! Und darum müssen wir den Hoffnungsvogel zurückholen. Bei der Versammlung gestern hat die Königin davon berichtet.«

Die Lastwagenfahrerin wechselte ihr Baby vom rechten auf den linken Arm. »Ich konnte leider nicht dabei sein!«, sagte sie. »Ihr seht ja, mein Jüngster hat Fieber! Aber ich bin froh, dass ihr es mir jetzt erzählt.«

»Ohne deine Hilfe geht es nicht!«, sagte Alva. »Wir müssen ins Land jenseits des Meeres und ohne deine Hilfe bekommen wir die ›Heldenhafte Helene‹ nicht ins Wasser!«

»Der Kühne Kapitän hilft euch?«, fragte die Lastwagenfahrerin, und ich glaube tatsächlich, sie klang ein wenig überrascht.

»Nein, er hat anderes zu tun«, sagte Jabu, ehe Alva anfangen konnte, über seine Feigheit zu schimpfen. »Aber mit seinem Schiff dürfen wir fahren.«

Da lachte die Lastwagenfahrerin. »Na, das hätte mich auch gewundert!«, sagte sie. »Der Kühne Kapitän erlebt seine Heldentaten nämlich lieber im Kopf als auf dem Wasser!« Und bevor wir uns fragen können, was sie damit wohl meinte, trat sie schon aus dem Haus und klimperte ein wenig mit den Lastwagenschlüsseln in der Tasche ihres Overalls. »Natürlich helfe ich euch mit meinem Lastwagen!«, sagte sie. Dann reichte sie dem überraschten Jabu ihr Baby und klatschte in die Hände. »Kinder!«, rief die Lastwagenfahrerin. »Ich brauche den Wagen!«

Und da sprangen ihre Kinder blitzschnell von der Ladefläche und von der Motorhaube und vom Dach der Fahrerkabine und gaben den Wagen frei. Bestimmt hatten sie gelernt, dass sie gerne darauf spielen und toben durften, aber wenn ihre Mutter ihn brauchte, gehörte der Wagen ihr.

»Wer holt die Ochsen?«, rief die Lastwagenfahrerin.

Da riefen alle fünf Kinder »Ich, ich!«, und schon waren sie um die Hausecke verschwunden.

»Ochsen?«, fragte Alva leise und stieß Jabu in die Seite, während die Lastwagenfahrerin die Tür zur Fahrerkabine aufschloss. »Wozu brauchen wir Ochsen?«

Aber dann sahen sie es schon.

14. Kapitel

in dem die Seereise losgehen kann

Kaum waren Lakshmis Kinder mit den Ochsen in den Vorgarten zurückgekommen – das waren zwei, und sie sahen sehr, sehr stark aus! –, da holten sie auch noch ganz alleine eine Deichsel und spannten die Tiere vor den Lastwagen; und sie machten das so schnell und so geschickt, dass man sehen konnte: Sie hatten es bestimmt schon öfter getan. Ihre Mutter musste ihnen jedenfalls kein bisschen helfen.

»Hm!«, sagte Alva zweifelnd und sah auf das merkwürdige Gefährt. »Warum ...«

»Mein Wagen ist alt!«, sagte die Lastwagenfahrerin fröhlich. Dann nahm sie Jabu das Baby wieder ab (darüber war er ganz froh, kann ich dir sagen, er hatte ja keine Übung) und reichte es ihrem ältesten Sohn, der ihr schon die Arme entgegenstreckte. »Mein Wagen ist so alt, dass er einfach nicht anspringen mag! Aber wenn die Ochsen ihm helfen ...« Dann gab sie Jabu und Alva ein Zeichen, auf die Ladefläche zu klettern, und bevor die beiden noch etwas sagen konnten, war sie schon selbst in die Fahrerkabine gestiegen, und von da aus griff sie nach den Zügeln. Das Führerhaus hatte nämlich keine Frontscheibe mehr, das sahen Jabu und Alva erst jetzt.

»Hüh!«, rief die Lastwagenfahrerin laut. »Hüh!«, und tatsäch-

lich! Sofort setzten sich die beiden starken Ochsen in Bewegung und zogen den schweren Wagen auf die sandige Straße, als wäre das eine Kleinigkeit.

Fast im selben Augenblick sprang röchelnd und polternd der Motor an.

»Wenn er erst mal in Bewegung ist, schafft mein tapferer Wagen es immer!«, rief die Lastwagenfahrerin aus der Fahrerkabine zu ihnen nach hinten. »Nur am Anfang müssen meine Ochsen ihm helfen! Hört ihr, wie zufrieden er schnurrt?«

Und das tat der Motor jetzt tatsächlich.

Da löste die Lastwagenfahrerin die Deichsel und ließ die Ochsen frei. »Lauft!«, rief sie ihnen hinterher. »Lauft nach Hause!«

Aber das musste sie den beiden gar nicht sagen, die hatten sich längst auf den Weg gemacht; und der Lastwagen brummte jetzt alleine (wenn auch nicht so ganz besonders schnell) in Richtung

Küste. Nur die Deichsel hatte Lakshmi zur Verblüffung der beiden Kinder vorher noch hinten an der Ladefläche angebracht.

»Wozu brauchen wir denn dann überhaupt ihren Lastwagen?«, flüsterte Alva. »Wenn sie zwei Ochsen hat? Die hätten das Schiff doch auch zum Wasser ziehen können!«

Jabu nickte, aber dann hatte er es plötzlich verstanden. »Ich glaube, zwei Ochsen sind nicht stark genug für so ein schweres Schiff!«, sagte er. »Die haben zusammen doch nur zwei Ochsenstärken! Aber der Lastwagen hat bestimmt 500 PS! Da kann der doch viel schwerere Lasten ziehen!«

Du weißt natürlich, dass PS eigentlich Pferdestärken heißt und dass 500 Pferdestärken mehr sind als zwei Ochsenstärken, und dass der Lastwagen darum stark genug war, die »Heldenhafte Helene« zum Wasser zu ziehen, verstehst du deshalb auch.

Und inzwischen wundert dich bestimmt nicht mehr, dass der Kühne Kapitän nirgends zu sehen war, als sie bei seinem Schiff ankamen. Aber den brauchten sie ja gar nicht mehr. Jabu war sicher, dass sie den Schiffsmotor auch alleine anlassen und die »Helene« übers Meer steuern konnten.

Neben der »Helene« stand aber ein merkwürdiger, vermooster Anhänger, der vorher nicht dagewesen war.

Die Lastwagenfahrerin runzelte die Stirn. »Mit diesem Schiff?«, fragte sie und klopfte mal hier und mal da gegen seinen rostigen Rumpf, bis rote Rostflocken durch die Luft stoben. »Mit diesem Schiff wollt ihr übers Meer?«

»Hast du ein besseres?«, fragte Alva unfreundlich, und natürlich hatte sie recht. Ein besseres Schiff lieh ihnen eben niemand, und darum musste dieses gut genug sein. Du weißt doch: Auch das Letztbeste ist das Beste, wenn es sonst nichts anderes gibt.

Die Lastwagenfahrerin seufzte. »Ihr seid zwei mutige Kinder!«, sagte sie. »Na, dann lasst uns mal loslegen!«

Und nachdem sie sich gemeinsam ordentlich ins Zeug gelegt hatten, dümpelte die »Heldenhafte Helene« nach einer gefühlten Ewigkeit endlich auf dem Wasser.

»So!«, sagte die Lastwagenfahrerin zufrieden. »Ich wünsche euch viel Glück bei eurer Suche! Am liebsten würde ich selbst mitkommen, aber solange mein Baby krank ist ...« Sie zuckte die Achseln. »Ich muss nach Hause zurück!«, rief sie. »Aber meine Kinder und ich denken an euch und drücken euch die ganze Zeit fest die Daumen! Bestimmt hilft euch das!«

Da war sich Jabu nicht so sicher, aber hoffen wollte er es, und auf alle Fälle war es nett zu wissen, dass wenigstens die Lastwagenfahrerin und ihre Kinder in Gedanken bei ihnen waren. Und seine Mutter, die Gute Königin, und die Leuchtturmwärterin auch.

»Dann lass jetzt schnell den Motor an!«, sagte Jabu. »Es wird ja schon bald dunkel.«

»Aye, aye, Käpt'n!«, rief Alva vergnügt. »Auf ins Land jenseits des Meeres!«

15. Kapitel

in dem die »Heldenhafte Helene« beinahe untergeht und niemand zu Hilfe kommt

War es nicht ein Glück, dass Alva schon so oft mit einem Schiff gefahren war und sofort wusste, wie man den Motor anlässt und das Schiff in die Wogen steuert? Als Tochter der Leuchtturmwärterin hatte sie immer wieder einmal einen Fischer auf seinem Kutter begleitet und Kaufleute auf ihren stattlichen Handelsschiffen, und sie freute sich sehr, dass sie endlich mal ganz alleine am Ruder stehen durfte. Jabu sah ihr dabei über die Schulter, und nach einer Weile war er sich ziemlich sicher, dass er es auch hinkriegen würde.

Aber weil die beiden die ganze Zeit nur am Steuerstand standen und zusahen, wie ihr Schiff die Wellen teilte – das hätten sie dem alten Kahn nämlich gar nicht zugetraut! –, kriegten sie leider nicht mit, was sich gleichzeitig draußen tat.

Du erinnerst dich daran, wie die Lastwagenfahrerin gegen den Rumpf geklopft hatte? Und dass dabei der Rost in Flocken zu Boden gesegelt war, daran erinnerst du dich auch? Eigentlich hätte das gar kein Problem sein müssen, wenn es nur ein bisschen Rost gewesen wäre wie bei deinem Fahrrad manchmal, zum Beispiel. (Also ich hoffe natürlich, du lässt es niemals so weit kommen.) Da fällt ja auch nicht gleich das Schutzblech ab oder der Lenker, nur weil sie ein bisschen rostig aussehen.

Aber wenn so ein Schiff lange, lange keinen neuen Schutzanstrich mehr bekommen hat, dann rostet es über die Jahre fröhlich vor sich hin, und der Rost frisst sich immer tiefer in die Schiffswand, bis es schließlich ein Leck gibt. Und dass der Kühne Kapitän die »Heldenhafte Helene« schon lange nicht mehr angestrichen hatte, sah man schließlich auf den ersten Blick. Da hätten die Kinder vielleicht schon etwas ahnen können. Aber das taten sie auch jetzt noch nicht.

»Ich geh mal an Deck und guck nach, ob alles in Ordnung ist!«, sagte Jabu. Obwohl er eigentlich gar nicht wusste, was nicht in Ordnung sein sollte, das alte Schiff glitt schließlich stolz durch die Wellen, als hätte es sein Leben lang nichts anderes gemacht. »Du kommst doch alleine zurecht am Ruder?«

Alva nickte. »Es kann nicht mehr weit sein!«, sagte sie zufrieden. »Vielleicht siehst du schon den Hafen!«

Da spürte Jabu so ein Glücksgefühl wie schon lange nicht mehr. Trotz seiner Angst hatte er sich getraut aufzubrechen, um seinem Land den Hoffnungsvogel zurückzubringen, und dabei hatte er eine Gefährtin gefunden; und nun waren sie gemeinsam auf dem Weg und schon bald an ihrem ersten Ziel. Du weißt ja, wie glücklich und stolz man ist, wenn man große Angst vor etwas gehabt hat, und dann traut man sich doch, und dann kriegt man es wirklich hin.

Vom Bug aus konnte Jabu am Horizont wirklich schon die Küste sehen. Das war also das Land jenseits des Meeres! Und darüber glühte der Himmel rot im Licht der untergehenden Sonne.

»Wir schaffen es noch, bevor es dunkel wird!«, rief Jabu in den Wind, und hoch über ihm krächzten ein paar Möwen, die dem Schiff folgten, weil sie natürlich die Hoffnung hatten, dass da was zu fressen für sie abfallen würde.

Gar nicht weit von der »Heldenhaften Helene« entfernt entdeckte Jabu auf dem Wasser jetzt auch noch andere Schiffe, das waren die Kutter der Fischer und Fischerinnen aus dem Land jenseits des Meeres, die von ihrer täglichen Fahrt heimkehrten, um ihren Fang an Land zu verkaufen; und Jabu winkte ihnen zu. Aber vielleicht sahen sie ihn nicht oder sie hatten zu viel mit ihren Netzen zu tun? Jedenfalls winkten sie nicht zurück.

Da wanderte Jabu gemächlich an der Reling entlang einmal um das ganze Deck herum und stellte sich vor, dass er nun selbst ein kühner Kapitän war auf großer Fahrt, und Alva war seine tüchtige Steuerfrau; und ein Kapitän muss natürlich immer sein ganzes Schiff im Blick haben, damit nicht womöglich ein Unglück geschieht.

Nur darum blickte er schließlich auch noch am Rumpf nach unten, als er eigentlich schon beinahe wieder zu Alva zurückgehen wollte, und da entdeckte er es.

»Alva!«, brüllte Jabu erschrocken. »Alva, komm schnell!«

An Land hatte die »Heldenhafte Helene«, wie du weißt, noch ziemlich heil und stabil gewirkt, und über das bisschen Rost hatten sie sich eben keine Sorgen gemacht.

Aber jetzt, wo die Wogen immerzu heftig gegen die Schiffswand schlugen, löste sich der Rost, und an immer mehr Stellen gab es plötzlich Löcher im Rumpf, durch die das Wasser in den Bauch des Schiffes eindringen konnte. Nur wenige kleine Stellen waren es zuerst gewesen, aber es wurden mehr und mehr, und sie wurden größer und größer; und Jabu begriff mit Schrecken, wie fürchterlich die Gefahr war, in der sie sich auf einmal befanden. Ein Schiff, in dessen Rumpf mehr und mehr Wasser dringt, geht irgendwann unter, so ist das nun mal.

»Alva!«, rief Jabu wieder, aber Alva drinnen am Steuerstand

konnte ihn da draußen natürlich nicht hören, und außerdem pfiff sie gerade ein fröhliches Lied, weil auch sie so glücklich darüber war, wie gut ihr Abenteuer begonnen hatte.

Ja, das musste Jabu ihr nun leider verderben. Als seine Gefährtin nicht zu ihm an Deck kam, stürmte er eben zu ihr ans Ruder. »Alva!«, rief er noch einmal. »Alva, unser Schiff löst sich auf!«

Na, ganz so schlimm war es zum Glück noch nicht; aber wenn sie noch lange weiterfuhren, konnte es gut bald so kommen.

»Was sagst du da?«, fragte Alva überrascht. Es war schließlich noch nicht so viel Wasser ins Schiff geströmt, dass sie beim Steuern etwas davon gemerkt hatte.

»Der Rost!«, rief Jabu. »Komm schnell mit!«

Und weil man in der Seefahrt das Ruder ja zur Not auch mal einen Augenblick verlassen darf und das Schiff hält trotzdem seinen Kurs (das ist zum Glück anders als bei einem Auto), rannte Alva nun sofort hinter Jabu her, um sich den Schaden anzusehen. Und gerade, als sie sich beide über die Reling beugten, bröselte unter ihnen wieder ein Stück aus dem rostigen Schiffsrumpf, das war das allergrößte bisher, und fiel mit einem lauten Platschen ins Meer.

»Und es geht immer weiter!«, rief Jabu, während sie erschrocken beobachteten, wie das Wasser in einem Schwall ins Innere des Rumpfes strömte. »Es ist jetzt schon viel mehr als noch vor einer Minute!«

Alva holte tief Luft. »Wie gut, dass du das entdeckt hast, Freundlicher Prinz!«, sagte sie mit fester Stimme. »Wenn es so weitergeht, schaffen wir es nicht mehr bis zum Hafen! Aber zum Glück sind viele andere Schiffe in der Nähe, und nun, wo wir die Gefahr erkannt haben, können wir um Hilfe rufen. Dann müssen sie uns an Bord nehmen, und vielleicht kann irgendwer sogar unser leckes Schiff in den Hafen schleppen.« Und sie klang wieder ganz zuversichtlich. »Lass uns suchen, womit wir ...«

Und schon polterten sie beide den Niedergang nach unten unter Deck, um zu gucken, ob der Kühne Kapitän vielleicht eine Flagge an Bord hatte, die sie setzen konnten, um den anderen Seeleuten zu zeigen, dass ihr Schiff Hilfe brauchte. Aber da war nichts in den Schapps.

»Wenigstens Leuchtfackeln sind da!«, rief Alva. »Sogar drei Stück!«

Aber kaum waren die Kinder mit den Fackeln zurück an Deck, da lief plötzlich ein Beben durch ihr Schiff, und mit Schrecken sahen sie, dass die »Heldenhafte Helene« sich ganz, ganz langsam nach Steuerbord neigte. (Du weißt, Steuerbord ist die Seite, die wir Landratten rechts nennen.) Und übrigens sahen sie das nicht nur, sie spürten es auch, denn das Deck war plötzlich ganz schief.

»Schnell!«, rief Jabu, und obwohl seine Hände ein wenig zitterten, schaffte er es, eine Fackel zu entzünden; die leuchtete jetzt orange vor dem Abendhimmel, bevor sie langsam wie in Zeitlupe erlosch.

Nun hätten eigentlich sofort alle Schiffe um sie herum beidrehen und ihnen zu Hilfe kommen müssen. Auf See ist es nämlich Gesetz, dass man einem Schiff in Not helfen muss, ganz egal, ob man es eilig hat. Weil ein Notfall auf See ja oft lebensgefährlich ist, verstehst du, und da hat die Rettung von Menschenleben immer Vorrang; und alle Seeleute kennen die Notsignale und kennen das Gesetz, und sie halten sich daran.

Trotzdem drehte kein Schiff bei, um der »Heldenhaften Helene« zu Hilfe zu kommen.

»Vielleicht haben sie unsere Fackel nicht gesehen!«, rief Jabu und seine Zuversicht wollte allmählich in Angst umschlagen. »Wir müssen einfach noch eine zweite anzünden!«

Und das taten sie auch.

Während nun also schon die zweite Fackel den anderen Schiffen zeigte, dass Hilfe nötig und Eile geboten war, ging wieder ein Ruck durch die »Helene«, und Jabu und Alva wussten sofort, was das bedeutete, und du weißt es sicher genauso. Nun strömte auch an einer anderen Stelle ordentlich viel Wasser in ihr Schiff.

»Sie haben auch unsere zweite Fackel nicht gesehen!«, rief Jabu. »Alva, was ist bloß mit den Fischern los?«

Denn wirklich, noch immer kam ihnen niemand zu Hilfe; stattdessen sahen sie mit Schrecken, dass alle Schiffe um sie herum eilig dem Hafen zustrebten, um ihren Fang noch vor der Dunkelheit an Land zu löschen. Und zwei Kutter überholten die »Helene« dabei sogar und fuhren ganz dicht an ihr vorbei, während doch an Deck gerade eine Leuchtfackel zeigte, dass das Schiff in Seenot war.

»Die dritte auch noch!«, murmelte Alva zwischen zusammengebissenen Zähnen. Aber da hatten sie beide schon nicht mehr viel Hoffnung, das verstehst du sicher.

Als sich ihnen an Backbord ein weiteres Schiff näherte, stellte Jabu sich aufgeregt ganz nah an die Reling und bewegte seine Arme auf und ab, als wären sie Flügel. »SOS, SOS!«, rief er, weil das nämlich auf See ein Signal dafür ist, dass man sich in höchster Not befindet; und dazu leuchtete immer noch die Fackel in grellem Orange.

Aber auch das dritte Schiff fuhr an ihnen vorbei, als hätte an Bord niemand etwas bemerkt.

»Sie *wollen* uns nicht helfen, Jabu!«, sagte Alva mit einer ganz kleinen Stimme. »Ich weiß nicht, warum, aber sie *wollen* uns nicht helfen.«

Jabu nickte. Es konnte wirklich nicht sein, dass niemand ihre Notsignale bemerkt hatte! »Dann müssen wir es eben alleine schaffen!«, sagte er und versuchte, seine Stimme fest und zuversichtlich klingen zu lassen, obwohl die Angst ihm allmählich die Kehle zuschnürte. Aber dann dachte er daran, dass er ein Prinz war, und ein Prinz muss seinen Gefährten Mut machen. »Der Hafen ist ja nicht mehr weit.«

Alva holte tief Luft. »Du hast recht, wir schaffen es bestimmt!«, sagte sie, und dabei war sie schon wieder auf dem Weg zum Steuerstand. Vielleicht dachte sie, dass auch ein Mädchen, das ein Schiff steuern kann, seinen Gefährten Mut machen muss? »Wir schaffen es bestimmt!«

Und so schwiegen sie von ihrer Angst und schenkten sich gegenseitig Zuversicht; und darum verloren sie beide nicht den Mut.

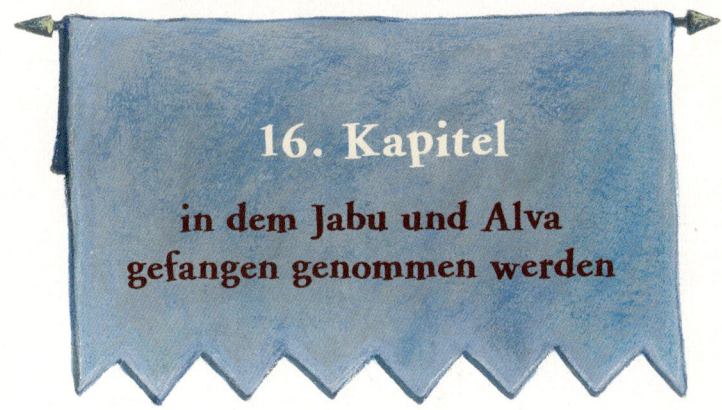

16. Kapitel

in dem Jabu und Alva
gefangen genommen werden

Als die letzte Fackel verloschen war, umfing Dunkelheit das Schiff, aber sie sahen an Land die ersten Lichter angehen, und so war es nicht schwer, Kurs zu halten.

Jetzt stand Jabu am Ruder und steuerte mit nur einer Hand; denn während er die Küste im Blick behielt, spielte er auf seiner Mundharmonika die Melodie, die die Leuchtturmwärterin ihnen geschenkt hatte; und er wusste nicht, dass an Deck auch Alva sie gerade vor sich hin summte, während sie voller Sorge mit ansah, wie sich wieder und wieder große Rostplacken lösten und an immer mehr Stellen Wasser in den Rumpf strömte. Aber noch hielt sich die »Heldenhafte Helene« tapfer.

Nur für die Maschine wurde es natürlich immer schwerer, verstehst du, weil so ein Schiffsmotor ja mehr Kraft aufwenden muss, um ein Schiff zu bewegen, dessen Schiffsbauch voller Wasser ist; und darum spürte Jabu auch, wie die »Helene« allmählich immer langsamer wurde. Und tiefer im Wasser lag sie auch.

»Komm schon, ›Heldenhafte Helene‹!«, flüsterte Jabu. »Komm schon, sei ein tapferes Mädchen! Bisher hast du es doch so gut gemacht!«

Und vielleicht hatte die »Helene« diese Aufmunterung gebraucht und vielleicht war sie stolz, dass sie auch mit all ihren

Rostlöchern so weit gekommen war; jedenfalls schnurrte der Motor gleichmäßig
weiter wie eine Nähmaschine, und die
Lichter an Land kamen näher und näher.

»Wir schaffen es wirklich, Jabu!«, rief
Alva von Deck. »Wir schaffen es in den
Hafen!«

Und da rumpelte die »Helene« in der Dunkelheit auch schon
seitlich gegen die Pier. Schließlich hatte Jabu vorher noch nie ein
Schiff gesteuert, und das Anlegemanöver ist auch für einen er-
fahrenen Skipper manchmal keine Kleinigkeit, kann ich dir sagen. Und dann noch bei Dunkelheit!

Aber das war jetzt alles egal.

»Wir sind da, Jabu, wir sind da!«, rief Alva. »Wir sind gerettet!«
Aber das hatte Jabu ja wohl längst selbst mitgekriegt.

Da sprangen die Kinder nacheinander auf die Pier und machten die »Heldenhafte Helene« an einer Klampe mit einem Kopf-
schlag fest (Alva kannte viele Seemannsknoten); und sie hofften

sehr, dass es nun, wo ihr Schiff so ruhig im Hafen dümpelte, nicht noch mehr Lecks im Rumpf geben und die »Helene« nicht doch noch sinken würde; denn wie sollten sie sonst wohl zurückkommen ins Glückliche Land, wenn sie ihren Hoffnungsvogel gefunden hatten?

Hoch am Himmel stand bläulichweiß der Mond und tauchte den Hafen in ein verzaubertes Licht. Da seufzte Alva.

»Lass uns eine Weile ausruhen nach dieser Fahrt voller Gefahren!«, sagte sie, während sie über die Pier zum Kai gingen. »Und danach suchen wir uns einen Schlafplatz. Aber zuerst spiel noch einmal unsere Melodie, weil der Abendhimmel so wunderschön leuchtet und weil wir im Land jenseits des Meeres angekommen sind.«

Da griff der Freundliche Prinz nach seiner Mundharmonika und begann wieder zu spielen.

Am Kai standen gestapelt die hölzernen Kisten, in denen die Fischerinnen ihren Fang verkauften, auf die ließen die beiden sich jetzt erschöpft fallen; und um sie herum hingen auf Gestel-

len die Netze zum Trocknen. Nur Menschen waren nirgendwo zu entdecken. Und als Jabu gerade seine Mundharmonika absetzen wollte, um Alva zu fragen, ob sie das auch so merkwürdig fand – schließlich waren doch kurz zuvor so viele Fischerboote in den Hafen eingelaufen! –, da spürte er plötzlich, wie etwas über seinen Kopf geworfen wurde und ihn zu Boden riss; und während er mit beiden Knien auf dem Pflaster aufschlug, ehe er sich mit den Händen abstützen konnte, begriff er, was passiert war. Irgendwer hatte ihn in einem Fischernetz gefangen.

»Alva!«, brüllte Jabu.

Aber er musste sich keine Hoffnungen machen. Nur ein paar Schritte von ihm entfernt lag auch Alva auf dem kalten Kopfsteinpflaster des Kais, in einem Netz gefangen wie er.

»Haben wir euch also!«, brüllte eine kräftige Frauenstimme, und im Licht einer Taschenlampe erkannte Jabu zuerst nur eine Fischerin und dann viele: Männer und Frauen, die hatten sich wohl bis eben hinter ihren Netzen versteckt. »Noch einmal beraubt ihr unseren König nicht!«

Und dann stürzten die Fischer und Fischerinnen sich auf die beiden Kinder und zerrten sie auf ihre Füße; und im Schein der Taschenlampe führten sie sie durch die Dunkelheit zu einem Schuppen.

»Aber sie sind es doch nicht!«, sagte eine helle Stimme. War das eine ganz junge Fischerin? »Seht ihr es denn nicht? Es sind nicht dieselben!«

Dieselben was?, wollte Jabu rufen. Dieselben wer? Wen sucht ihr denn? Wir sind es wirklich ganz bestimmt nicht! Wir sind der Freundliche Prinz und die Tochter der Leuchtturmwärterin aus dem Land hinter dem Meer, und wir wollen euren König nicht berauben! Wir suchen doch nur unseren Hoffnungsvogel!

Aber das rief er nicht. Wenn jemand dir ein Fischernetz über den Kopf wirft und dich dann in der Dunkelheit zu einem hölzernen Netzschuppen im Hafen schleppt, dann bist du nämlich erst mal so überrumpelt und erschrocken, dass du überhaupt nichts sagen kannst, das ist ja nicht weiter verwunderlich.

Alva versuchte es trotzdem. »Es geht doch nur um unseren Hoffnungsvogel!«, rief sie. Und offenbar war das genau das Falsche.

»Da hörst du es, Cho!« brüllte eine unfreundliche Männerstimme. »Schon wieder der Hoffnungsvogel! Wer sagt denn, dass es dieselben sein müssen? Glaubst du, es ist ein Zufall, dass sie herkommen, nur wenige Tage, nachdem die anderen abgezogen sind? Das ist eine ganze Bande, glaub mir, und dass sie jetzt zwei Kinder schicken, zeigt nur, wie trickreich und gerissen sie sind!«

Dann wurde die Schuppentür aufgerissen, und Jabu spürte einen Stoß im Rücken, bevor er in den düsteren Raum stolperte.

»Genau, Serdar hat recht!«, rief nun wieder eine Frauenstimme. »Wer traut Kindern schon etwas Schlechtes zu? Wer hat schon Angst vor ihnen? Deshalb schicken die Räuber diese beiden doch! Oh, die Bande ist trickreich! Aber wenn wir sie nicht daran hindern, werden sie genau wie die anderen zum Schloss weiterziehen mit ihrem Gerede vom Hoffnungsvogel, und wie die anderen werden sie dem König seine Schätze rauben, wenn sie nicht sogar etwas Schlimmeres tun; und so wird unser Land ärmer und ärmer!«

Und jetzt stolperte auch Alva in den Schuppen. Dann wurde hinter ihnen die Tür zugeschlagen, und Jabu hörte, wie sich der Schlüssel im Schloss drehte. Draußen entfernten sich die Stimmen.

»Alva?«, flüsterte Jabu. »Bist du hier?«

Na, das war ja nun eine überflüssige Frage.

77

»Meinst du, ich kann mich in Luft auflösen?«, schnaubte Alva.

Da hatten sich Jabus Augen auch schon an die Dunkelheit gewöhnt, und er erkannte seine Gefährtin als grauen Schatten vor dem Fenster, während sie sich wütend aus dem Netz befreite. Und er sah, dass das Fenster sehr klein war. Da mussten sie gar nicht erst versuchen, es einzuschlagen, um sich hindurchzuzwängen in die Freiheit. Aber dass wenigstens Alva bei ihm war, ließ seine Angst ein kleines bisschen schrumpfen.

»Warum haben sie das getan, Alva, was meinst du?«, fragte Jabu, und nun hatte auch er endlich sein Netz abgestreift. »Warum haben sie uns eingesperrt?«

Eine Weile war Alva still. »Weil sie uns verwechselt haben!«, sagte sie dann. »Es kann doch gar nicht anders sein. Sie glauben, wir gehören zu einer Bande, die ihren König ausrauben will.«

»Weil genau das gerade passiert ist!«, murmelte Jabu und nickte. »Weil andere Menschen über das Meer gekommen sind, die genau das getan haben, und es ist noch nicht lange her! Richtig?«

»Merkwürdig ist es trotzdem!«, sagte Alva. »Wie sollten denn wohl zwei Kinder wie wir den König ausrauben, der doch bestimmt Palastwachen hat und Soldaten?« Alva seufzte. »Was sie jetzt wohl mit uns machen werden?«

Darüber wollte Jabu lieber gar nicht nachdenken. Und übrigens verstand er nun auch, warum die Fischerinnen auf ihren Kuttern nicht auf ihre Notsignale geantwortet hatten. Vielleicht hatten sie sogar gehofft, dass die »Heldenhafte Helene« untergehen würde, ehe sie den Hafen erreichte?

»Wir sollten am besten versuchen zu schlafen!«, sagte Jabu mit fester Stimme. Gerade war ihm nämlich wieder eingefallen, dass er immer noch ein Prinz war; und der muss ja Trost spenden und

Zuversicht verbreiten. »Dann können wir morgen mit frischer Kraft in einen neuen Tag gehen.«

Und genauso hatte Alva sich wohl gerade wieder erinnert, dass ein Mädchen, das ein Schiff steuern kann, seinen Gefährten auch Mut machen muss.

»Und wir erklären den Leuten einfach, warum wir wirklich gekommen sind!«, sagte sie und versuchte tapfer, ihre Stimme so klingen zu lassen, als dächte sie, dass die Fischerinnen und Fischer ihnen glauben und sie frei lassen würden.

Dann summten sie gemeinsam die Melodie, die die Leuchtturmwärterin ihnen geschenkt hatte, und schwiegen von ihrer Angst; und so gaben sie sich gegenseitig Zuversicht, und darum verloren sie nicht den Mut.

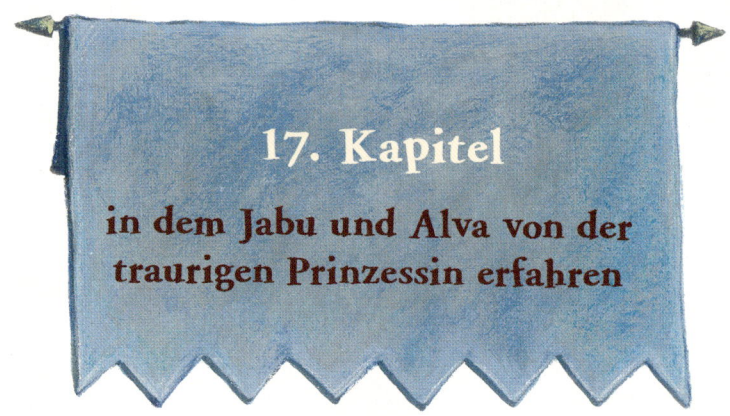

17. Kapitel

in dem Jabu und Alva von der traurigen Prinzessin erfahren

Eigentlich hatte Jabu nicht daran geglaubt, dass er in dieser Nacht schlafen würde; aber der Tag war so lang gewesen und so aufregend und manchmal so voller Freude und manchmal so voller Angst, dass er seinen Kopf kaum auf dem Fischernetz zurechtgerückt hatte, das ihm als Kissen dienen sollte, da fielen ihm schon die Augen zu. Und Alva neben ihm ging es haargenau so.

Darum dauerte es eine ganze Weile, bis Jabu die Steinchen hörte, die draußen gegen das Fenster geworfen wurden. Aber dann war er mit einem Schlag wach.

»Hallo?«, rief vor dem Schuppen eine helle Stimme. »Hallo, seid ihr da drin?«

Na, wo hätten sie denn wohl sonst sein sollen?

Jabu stand auf und trat an das kleine Fenster. Das war nun doch wirklich ärgerlich, wo er gerade so schön geschlafen und alles vergessen hatte. »Wer bist du denn da draußen mitten in der Nacht?«, flüsterte er ein bisschen unfreundlich. Schließlich wollte er Alva nicht wecken. Dann musste er gähnen. »Und was willst du von uns?«

Im hellen Licht des Mondes stand vor dem Fenster ein Mädchen, das war genauso gekleidet wie alle Fischer vorhin, und versuchte, nach drinnen in die Dunkelheit des Schuppens zu spähen.

Aber das gelang ihr natürlich nicht, wie du dir denken kannst. Man kann vom Dunklen ins Helle gucken, aber vom Hellen ins Dunkle geht das nicht.

»Ja, sag schon, was willst du?«, fragte auch Alva, die war nun also doch aufgewacht, und ihre Stimme klang so verschlafen, als ob sie gleich wieder einnicken würde.

Das Mädchen trat ein bisschen dichter ans Fenster. Jabu dachte, dass ihre Stimme klang wie die, zu der der Fischer »Cho« gesagt hatte. »Ich will wissen, wer ihr seid!«, sagte sie energisch. »Und was ihr bei uns wollt! Und ob ihr zu den Räubern gehört!«

»Wir gehören doch nicht zu irgendwelchen Räubern!«, rief Jabu böse, und Alva rief gleichzeitig: »Von welchen Räubern redet ihr denn bloß immer?«

»Ich warte!«, sagte das Mädchen. »Erst sagen, wer ihr seid!« Und das klang nun noch energischer.

Jabu seufzte. »Ich bin der Freundliche Prinz und das ist Alva, die Tochter der Leuchtturmwärterin, und wir sind aus dem Glücklichen Land zu euch gekommen, um herauszufinden, ob unser Hoffnungsvogel vielleicht bei euch ist!«

»Hoffnungsvogel?«, fragte das Mädchen, und auf einmal klang es, als wäre sie noch misstrauischer geworden.

»Das erzählen wir dir gleich!«, sagte Alva. »Aber zuerst bist du mal dran! Warum glaubt ihr, dass wir zu einer Räuberbande gehören? Und warum kommst du übrigens nicht rein zu uns? Du hast doch bestimmt einen Schlüssel für diesen Netzschuppen, wenn du ein Fischermädchen bist!«

Das Mädchen lachte. »Für wie dumm haltet ihr mich?«, rief sie. »Ihr seid zwei und ich bin nur eine! Kaum bin ich drinnen bei euch, fallt ihr über mich her, nehmt mir meinen Schlüssel weg, befreit euch aus dem Schuppen, und mich sperrt ihr ein!«

Jabu musste zugeben, dass ihm so eine Idee tatsächlich eben durch den Kopf gegangen war. Darum konnte er dem Mädchen auch nicht böse sein. Also öffnete er den Riegel des winzigen Fensters und schob es dann auf, so weit es ging.

»Na gut, dann bleib draußen und erklär uns alles von da!«, sagte er. »Wir müssen wissen, was los ist!«

Da stemmte das Mädchen die Hände links und rechts vom Fenster gegen die Schuppenwand und fing an zu erzählen.

»Es war vor gar nicht langer Zeit, vor sieben Nächten oder vielleicht vor zehn, da legte in unserem Hafen auch schon einmal ein fremdes Schiff an«, sagte sie. »Nicht so alt und schäbig wie das eure, und viel größer war es auch; aber genau wie euer Schiff hatte noch keiner von uns es jemals gesehen. An Bord war eine Mannschaft von zehn Männern und Frauen, die sahen wild aus und wüst, aber ihr wisst selbst, wenn man lange auf dem Meer unterwegs ist, kann das schnell passieren.«

Jabu und Alva nickten, als ob ihnen das auch schon passiert wäre. Dabei waren sie doch in Wirklichkeit noch nie lange auf dem Meer unterwegs gewesen! Aber das musste das Mädchen ja nicht wissen.

»Deshalb machte ihr Aussehen uns auch nicht misstrauisch«, fuhr das Mädchen fort. »Wir erlaubten ihnen sogar, zum Schloss zu ziehen, wie so vielen vor ihnen, weil sie erklärten, sie hätten eine gute Nachricht für unseren König und könnten seine Tochter erlösen.«

»Was ist denn mit seiner Tochter?«, fragte Jabu interessiert und Alva fragte gleichzeitig: »Ist die Prinzessin krank?«

Das Mädchen schüttelte erstaunt den Kopf. »Habt ihr noch nicht davon gehört?«, fragte sie. »Ist die Nachricht noch nicht bis zu euch ins Glückliche Land gedrungen? Unsere Prinzessin ist so traurig, dass sie nicht einmal mehr weinen kann; so traurig, dass sie sich nicht mehr regen mag und den ganzen Tag in ihrem

Prinzessinnen-Himmelbett liegen bleibt, wo sie gegen den goldenen Betthimmel starrt; und gegessen hat sie schon viele Tage nichts mehr, bis sie so schwach geworden ist, dass ihre Beine sie nicht mehr tragen wollten.«

»Oh, nein!«, rief Jabu, und »Die arme Prinzessin!«, rief Alva. Und beide dachten sie, dass im Glücklichen Land die Traurigkeit zum Glück noch nirgendwo und bei niemandem so fürchterlich und bodenlos war, obwohl ihnen doch ihr Hoffnungsvogel fehlte; aber wer wusste denn, was noch alles passieren konnte, wenn sie ihn nicht bald fanden?

»Ja, darum war ihr Vater, der König, so verzweifelt, dass er demjenigen, der die Prinzessin von ihrer Traurigkeit befreien würde, zum Lohn ihre Hand versprochen hat und seine Schatzkammer voller Gold und das ganze Königreich dazu!«, sagte das Fischermädchen.

»Ihre Hand?«, fragte Alva und kniff die Brauen zusammen. »Dass sie den heiraten muss, egal, wer das ist? Ohne sie vorher zu fragen? Und wenn sie nun einer von ihrer Traurigkeit befreit hätte, den sie nicht ausstehen kann?«

»Genau, das ganze Königreich kann er zum Lohn ja gerne versprechen!«, sagte nun auch Jabu. »Und seine Schatzkammer dazu. Aber doch nicht die Hand seiner Tochter!«

Das Fischermädchen draußen zuckte die Achseln. Und weil der Mond immer noch schien, konnten Jabu und Alva das ganz gut erkennen.

»Er ist so unglücklich!«, sagte das Mädchen. »Der König liebt seine Tochter so sehr, und da ...«

»Und dann verspricht er irgendwem ihre Hand?«, rief Alva, aber »Pssst!«, zischte Jabu. Er wollte die Geschichte zu Ende hören, auch wenn er Alva natürlich recht gab.

»... und da hat er das eben versprochen!«, sagte das Fischermädchen trotzig. »Ihr könnt euch vorstellen, da strömten die Menschen aus dem ganzen Land zum Schloss, Männer und Frauen, sogar Kinder; und sie führten Kunststücke vor und sangen fröhliche Lieder und erzählten lustige Geschichten und sprachen Gebete; aber nichts wollte helfen, und die Prinzessin lag weiter stumm in ihrem goldenen Bett und hatte in ihrer tiefen Traurigkeit noch immer nicht einmal Tränen. Aber nicht lange, da kamen auch Menschen von weit her aus anderen Ländern; aus dem Glücklichen Land ...«

»Wirklich?«, fragte Jabu erstaunt.

Denn, verstehst du, wenn früher, als das Glückliche Land seinen Namen noch verdiente, dort irgendwer von der traurigen Prinzessin gehört hätte, dann hätte er es überall herumerzählt, damit möglichst viele Menschen davon erfuhren und der Prinzessin helfen konnten; und die Geschichte hätte sich wie ein Lauffeuer verbreitet. Aber jetzt, wo die Menschen einander nicht mehr gut waren und misstrauisch, und wo keiner dem anderen etwas gönnte, da behielt bestimmt jeder so ein Wissen für sich, um selbst zu versuchen, die Hand der Prinzessin und das ganze Königreich zu gewinnen. Ach, das war traurig! Aber darum war es auch nicht erstaunlich, dass Alva und Jabu die Geschichte noch nicht kannten.

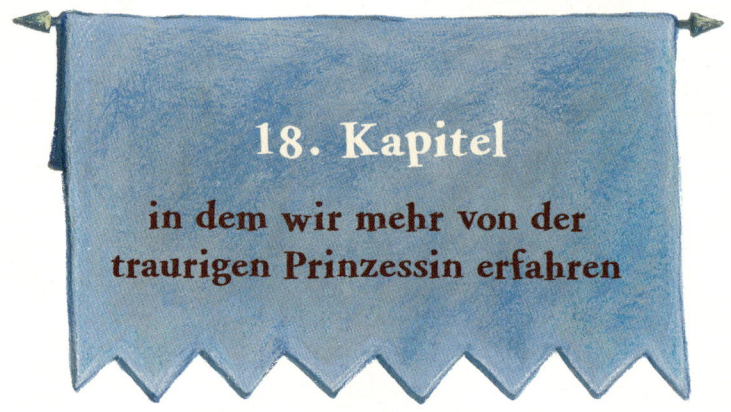

18. Kapitel

in dem wir mehr von der traurigen Prinzessin erfahren

Das Fischermädchen erzählte schon weiter. »Ja also, da kamen auch Menschen von weit her aus anderen Ländern; aus dem Glücklichen Land und aus dem Land hinter den Bergen und dem Land auf der anderen Seite der Wüste, die unser Land hinter dem Horizont begrenzt; und der König schöpfte wieder Hoffnung.«

»Aber keiner hat es geschafft?«, fragte Jabu, dem die Geschichte allmählich ein bisschen lang wurde, darum wollte er sie abkürzen.

»Genau!«, sagte das Fischermädchen. »Manche brachten die köstlichsten Speisen und edelsten Getränke oder die schönsten aller Kleider; aber nichts konnte die Prinzessin aus ihrer Traurigkeit erlösen. Ein Kind brachte sogar einen Hund.«

»Nicht mal der Hund hat geholfen?«, fragte Jabu ungläubig.

Das Mädchen schüttelte den Kopf.

»Dann muss die Prinzessin schon sehr traurig sein!«, sagte Alva.

»Aber was hat das nun alles damit zu tun, dass ihr uns eingesperrt habt?«, fragte Jabu. Er wollte endlich eine Erklärung haben.

»Ihr lasst mich ja nicht ausreden!«, rief das Mädchen ein bisschen ärgerlich. »Also, ich hab's doch gesagt: Nach all den vielen Besuchern wurden wir nicht misstrauisch, als vor gar nicht langer Zeit in unserem Hafen wieder ein fremdes Schiff anlegte. Wir erlaubten seiner Mannschaft, zum Schloss zu ziehen, wie wir das

schon bei so vielen anderen getan hatten. Wir gaben ihnen sogar zu essen und zu trinken, denn zum ersten Mal hatten auch wir wieder Hoffnung, dass sie unserer Prinzessin helfen könnten. Weil sie sagten, sie hätten einen Hoffnungsvogel dabei.«

»Einen Hoffnungsvogel?«, brüllten Jabu und Alva gleichzeitig, und du kannst wohl verstehen, dass sie auf einen Schlag hellwach waren und sehr aufgeregt.

»Ihrem Hoffnungsvogel wäre kein Kummer zu klein, keine Traurigkeit zu tief und kein Schmerz zu groß, sagten sie: Kaum hätte er einen unglücklichen Menschen entdeckt, da erhöbe sich der kleine Vogel in die Luft und sänge ein Lied, und das wäre für jeden ein anderes und für jeden genau das richtige, um die Tränen zu trocknen und die Last auf den Schultern leichter zu machen. Manchmal war es ein fröhliches Lied und manchmal ein trauriges Lied, denn jeder, der Trost braucht, braucht seinen eigenen, sagten sie; und manchmal, wenn es das richtige Lied gar nicht gab, war es auch genug, wenn der Hoffnungsvogel überhaupt nicht sang. Dann saß er nur ganz still und hörte der Traurigkeit zu, und wie er es machte, konnten sie nicht erklären: Aber danach war die Traurigkeit plötzlich nicht mehr da.«

»Das war unser Hoffnungsvogel!«, flüsterte Alva, aber Jabu legte einen Finger an die Lippen, damit sie still war.

Das Fischermädchen seufzte. »Da schöpften wir Hoffnung! Denn jeder von uns hatte ja schon davon gehört, warum das Glückliche Land so glücklich war und dass Traurigkeit dort niemals lange dauert. Darum glaubten wir voller Freude, dass der Hoffnungsvogel auch unsere Prinzessin erlösen könnte.«

»Und?«, rief Jabu. »Hat er?«

Wieder schüttelte das Fischermädchen den Kopf. »Als die Männer und Frauen beim Schloss ankamen, verlangten sie als Erstes,

den König zu sprechen«, sagte sie. »Und als sie zu ihm vorgelassen wurden, verlangten sie, zuerst die Schätze in der Schatzkammer zu sehen, die ihnen gehören sollten, wenn ihr Hoffnungsvogel gesungen und die Prinzessin erlöst hätte. Natürlich fand der König das merkwürdig, darum verlangte *er*, zuerst den Hoffnungsvogel zu sehen. Und da zeigte die Bande ihm einen Vogel in einem schäbigen, alten Käfig, der hatte seinen Kopf unter einen Flügel gesteckt, als ob er schliefe. Das war der bunteste Vogel, den der König jemals gesehen hatte, und er war außerdem wunderschön. Da zweifelte der König keinen Augenblick, dass dieser Hoffnungsvogel seine Tochter aus ihrer Traurigkeit erlösen könnte, wenn er nun auch noch sänge. Darum ließ er die Männer und Frauen in die Schatzkammer, und er widersprach noch nicht einmal, als sie sich dort mit Geschmeide aus purem Gold und mit Diamanten behängten, Goldstücke in ihre ausgebeulten Hosentaschen stopften und goldene Kerzenständer und Tafelaufsätze mit Edelsteinen in ihre schmutzigen Seemanns- und Seefrauen-Rucksäcke; denn dabei riefen sie die ganze Zeit, bald würde ihnen all das sowieso gehören, da sollte er sich nicht so anstellen, wenn sie sich jetzt schon etwas nähmen. Und das wollte der König selbst auch gerne glauben.«

»Er wollte glauben, dass ihnen das gehören würde?«, fragte Jabu verwirrt.

»Dass sie der Prinzessin helfen würden und es ihnen *deshalb* gehören würde, Dummi!«, sagte Alva und schnaubte.

Ach ja, das war ja logisch.

»Aber dann ...?«, fragte Jabu. Du merkst schon, er war immer noch ungeduldig.

»Dann wollte der Vogel nicht singen!«, sagte das Fischermädchen kummervoll. »Diener trugen die Prinzessin in ihrer

Sänfte in den Thronsaal, weil der König die zehn wilden Gesellen und Gesellinnen nicht alle in ihr Gemach einlassen wollte, und ausgerechnet der Kerl mit dem wildesten Bart und den zotteligsten Haaren trat vor, das war wohl der Hauptmann und Kapitän, und er hielt der Prinzessin den Käfig genau vor die Augen.«

»Und hat der Vogel dann gesungen?«, rief Alva. »Musste die Prinzessin den zotteligen Kerl heiraten?«

»Bestimmt hat er auch schlecht gerochen!«, sagte Jabu und schüttelte sich. »Da wäre sie doch sofort wieder traurig geworden!«

»Wollt ihr die Geschichte nun zu Ende hören oder nicht?«, zischte draußen das Fischermädchen böse. »Wenn ihr mich immer unterbrecht ...«

»Entschuldige bitte!«, rief Jabu.

19. Kapitel

in dem Cho von einer üblen Sache erzählt

Das Fischermädchen räusperte sich. »Also, der Kerl hielt der Prinzessin den Vogelkäfig genau vor die Augen. ›Sing!‹, rief er. ›Hoffnungsvogel, sing!‹ Aber der kleine Vogel blieb stumm auf seiner Stange sitzen und zog nicht mal seinen Kopf unter dem Flügel heraus; und singen wollte er schon gar nicht. Da griff sich der zottelige Kerl einen winzigen goldenen Löffel, der auf dem Teetisch neben einer wunderschönen Tasse mit Rosenmuster lag, und pikste den Vogel durch die Stäbe des Käfigs damit in die Seite. ›Nun sing schon endlich, du blödes Vieh!‹, brüllte er. Aber der Vogel blieb auf seiner Stange sitzen, und auch als der Hauptmann ihn fast herunterschubste, ließ er seinen Kopf unter dem Flügel; und singen wollte er nun erst recht nicht.«

»Aber wie gemein!«, rief Alva. »Einen kleinen Vogel so zu quälen! Wie konnte dieser Kerl nur erwarten, dass er im Käfig singen würde? Er muss doch hoch in den Himmel steigen dürfen, in die Freiheit! Wie sollte ein gefangener Vogel wohl singen?«

»Pssst!«, zischte Jabu. »Nicht wieder unterbrechen!«

»So ging das eine ganze Weile«, sagte das Fischermädchen. »Wie lange genau kann ich nicht sagen, aber so schnell gab der König die Hoffnung nicht auf und die Bande natürlich erst recht nicht. Die wollten schließlich die Hand der Prinzessin und dazu

das ganze Königreich! Aber nach einer Weile räusperte sich der Haushofmeister. ›Eure Majestät!‹, sagte er. ›Ich glaube nicht, dass dieser Vogel jemals singen wird!‹«

»Siehst du!«, rief Alva triumphierend.

Das Fischermädchen sah sie ein bisschen ärgerlich an. »›Und seht Ihr nicht, wie sehr das traurige Schauspiel Eure ohnehin schon traurige Tochter ermüdet?‹, sagte der Haushofmeister. ›Lasst sie zurück in ihr Gemach tragen, und die lumpige Bande jagt zum Teufel! Das sind nur Betrüger, und ein Hoffnungsvogel ist ihr Vogel ganz bestimmt nicht!‹ – ›Dann sollen sie aber zuerst das Gold und Geschmeide herausgeben, das sie sich in meiner königlichen Schatzkammer genommen haben!‹, sagte der König.«

Jetzt hielt Alva es nicht mehr aus. »Das wäre ja wohl auch nur gerecht gewesen!«, rief sie.

Das Fischermädchen sah sie streng an. »Aber die Schurken und Schurkinnen dachten gar nicht daran!«, sagte sie. »Stattdessen zückten sie ihre Säbel und wollten den Thronsaal mit ihrer Beute verlassen. Aber da zückten auch die Palastwachen *ihre* Säbel, und der Haushofmeister schloss blitzschnell die Thronsaaltür von innen zu. ›Nun könnt ihr zusehen, wie ihr hier mit eurer Beute rauskommt, ihr Diebesgesindel!‹, rief er.«

»Das war schlau von ihm!«, sagte Jabu zufrieden.

Das Fischermädchen redete schon weiter. »Da hielt eine Frau aus der wilden Bande der Prinzessin ihren Säbel an die Kehle. ›Schließt auf und gebt uns freies Geleit!‹, brüllte sie. ›Oder eurer Prinzessin geschieht etwas Schlimmes!‹«

»Wie gemein!«, rief Alva erschüttert.

Das Fischermädchen zuckte die Achseln. »Was sollte der König denn da tun?«, fragte sie. »Er befahl dem Haushofmeister, die Thronsaaltür zu öffnen, und die ganze Bande verschwand wie

der Blitz mit einem Teil des königlichen Schatzes. Auf Nimmerwiedersehen.«

»Puh!«, sagte Jabu. »Was für eine schreckliche Geschichte! Aber was hat das denn mit uns zu tun?«

»Verstehst du das nicht?«, rief Alva. »Bestimmt sind die Menschen hier jetzt richtig misstrauisch allen Fremden gegenüber! Nun glauben sie doch, alle, die über das Wasser kommen, wollen nur ihren König ausrauben!«

»Genau so ist es!«, sagte das Fischermädchen düster. »Und als ihr vorhin eure Notsignale ausgesandt habt, da dachten wir, auch das ist nur wieder ein Trick, um von uns an Bord genommen zu werden!«

»Klar!«, murmelte Jabu.

»Und kaum seid ihr im Hafen angekommen, da redet ihr vom Hoffnungsvogel!«, rief das Fischermädchen. »Genau wie diese finstere Bande! Was denkt ihr denn, was wir da glauben müssen?«

»Aber warum vertraust *du* uns?«, fragte Jabu verwirrt.

»Tu ich doch gar nicht!«, sagte das Mädchen ein bisschen trotzig. »Oder bin ich zu euch in den Schuppen gekommen?«

In diesem Augenblick hörten sie plötzlich, wie Kisten auf den Boden polterten, die hatte irgendwer umgestoßen, weil er in der Dunkelheit zu eilig über den Kai gelaufen kam, und Jabu packte Alva erschrocken am Arm. Aber wer auch immer das da draußen war, er wollte nicht zu ihnen.

»Cho?«, rief eine Männerstimme, und die klang ein bisschen ängstlich und ein bisschen böse, beides gleichzeitig. »Cho, bist du hier?«

Na bitte, sie hatten doch gleich gedacht, dass das Fischermädchen Cho hieß!

92

Das Mädchen hatte sich blitzschnell hinter einem zusammen-gerollten Netz versteckt und Jabu sah, dass sie einen Finger an die Lippen presste wie vorher er.

»Cho?«, rief die Stimme, und nun war der Mann fast beim Schuppen angekommen und schaltete seine Taschenlampe ein; eine winzige Sekunde lang blendete deren Strahl die Kinder durch das Fenster, bis er weiter zu dem Netz wanderte, hinter dem Cho jetzt kauerte und sich so klein machte, wie es nur ging. Aber unsichtbar machen konnte sie sich natürlich nicht.

Da begriff Jabu, dass sie von dem Mann auf keinen Fall ge-funden werden wollte; aber sobald das Taschenlampenlicht die Netze erreichen würde, konnte sie ihm nicht entgehen. Und bis dahin fehlten nur noch ein paar Meter! Darum musste er den Mann aufhalten und das Mädchen retten. Sie war doch die Ein-zige, die ihnen vielleicht helfen konnte!

»He, hallo, Fischer!«, brüllte Jabu deshalb so laut, dass der Mann sich erschrocken umdrehte, und den Strahl der Taschen-lampe dorthin lenkte, von wo der Ruf gekommen war. Puh, da war Cho erst mal in Sicherheit.

»Eine Cho ist hier nicht!«, rief Jabu jetzt, um den Mann noch eine Weile abzulenken; denn aus dem Augenwinkel sah er, wie Cho sich gerade lautlos noch tiefer unter den Netzen verbarg, da war sie so leicht nicht mehr zu entdecken. »Aber *wir* sind hier, erin-nerst du dich? Lass uns frei! Wir führen nichts Böses im Schilde!«

Der Fischer spuckte aus. »Räuberbrut!«, rief er. »Für wie dumm haltet ihr mich?« Dann wandte er sich schon wieder ab und ließ den Strahl seiner Taschenlampe hierhin wandern und dahin. Aber das Fischermädchen war inzwischen sicher unter den Net-zen verborgen, darum fand er sie nicht; und Jabu beobachtete er-leichtert, wie er weiterging, an den Fischkuttern entlang, die im

Hafen festgemacht hatten, und wie er den Lichtstrahl über alle Decks wandern ließ. Dann machte er sich endlich auf den Weg zurück in die kleine Stadt.

»Danke!«, flüsterte Cho, als sie sich wieder aus dem Netz befreit hatte. »Das war mein Vater! Ich darf nachts nicht so lange draußen unterwegs sein, und wenn er mich bei euch erwischt hätte ...« Sie schüttelte sich. »Ich muss jetzt sofort nach Hause!«, sagte sie. »Da erzähle ich einfach, dass ich beim Netze-Ausbreiten eingeschlafen bin, weil der Tag so lang war und die Arbeit so schwer und ich so müde. Das glaubt er mir.«

»Es ist aber gelogen!«, sagte Jabu erschrocken. Von seiner Mutter, der Guten Königin, hatte er gelernt, dass man nicht lügen darf, verstehst du.

Cho nickte kummervoll. »Ich weiß!«, sagte sie. »Aber wie hätte ich sonst wohl mit euch reden können?«

Na, da hatte sie natürlich recht; trotzdem war Jabu sich nicht sicher, ob deshalb Lügen erlaubt war. Aber gerade war keine Zeit, länger darüber nachzudenken, denn Cho wollte ja gleich nach Hause laufen, und das durfte sie doch unter keinen Umständen, ohne dass sie vorher die beiden Kinder befreit hatte.

20. Kapitel

in dem Jabu und Alva befreit werden

»Sag nur noch schnell, warum du zu uns gekommen bist!«, sagte Alva. »Warum glaubst du nicht, dass wir zu den Räubern gehören?«

»Glaub ich ja vielleicht doch!«, sagte Cho. »Aber als ihr an Land gegangen seid, habt ihr so eine wunderschöne Melodie gespielt. Und da könnt ihr doch keine bösen Menschen sein, habe ich gedacht.«

Da weiß ich nun wirklich nicht, ob das stimmt. Oder glaubst du das? Für Alva und Jabu war es jedenfalls ein Glück, dass Cho das tat.

»Darum wollte ich wenigstens noch mal mit euch reden, um zu hören, warum ihr hier seid!«

»Genau, das haben wir dir ja noch gar nicht genauer erzählt!«, rief Alva. »Bisher kennen Jabu und ich nur eure Geschichte! Warte noch eine kleine Minute, dann weißt du, was wir hier wollen, und ich hoffe, dann lässt du uns frei!«

Jabu merkte, dass Cho unsicher war, was sie tun sollte, nach Hause laufen oder zuhören, darum sagte er schnell: »Unsere Geschichte ist auch ganz kurz und geht nämlich so!« Und dann legte er los.

Und Cho, die sich schon abgewandt hatte, um zu gehen, drehte sich wieder zu ihnen um und kam ein paar Schritte näher; und

schließlich blieb sie sogar stehen, um nun doch noch zu hören, was die Kinder aus dem Glücklichen Land zu erzählen hatten. Ein bisschen neugierig war sie ja, verstehst du.

Und weil du die Geschichte schon kennst vom verschwundenen Hoffnungsvogel und von der Traurigkeit und der Bosheit im Glücklichen Land; vom Kühnen Kapitän, von der Lastwagenfahrerin und von der gefährlichen Überfahrt mit der »Heldenhaften Helene«; darum müssen wir Jabu und Alva an dieser Stelle gar nicht die ganze Zeit zuhören.

»Und jetzt glauben wir, dass der Hoffnungsvogel der Räuber *unser* Hoffnungsvogel war!«, rief Alva am Schluss. »Das ist doch klar! Die Räuber haben nicht nur eurem König seinen Schatz geraubt, sondern dem Glücklichen Land vorher schon seinen Hoffnungsvogel! Weil sie mit ihm die Hand eurer Prinzessin gewinnen wollten und den Schatz und euer ganzes Land! Verstehst du nicht? Wir gehören nicht zu den Räubern, glaub uns doch! Wir wollen nur unseren Hoffnungsvogel zurück!«

»Hm!«, murmelte Cho vor dem Schuppen. Vielleicht überlegte sie, ob sie den beiden glauben sollte? Sie hatte doch eben selbst gerade gelogen, da wusste sie nur zu gut, wie leicht so was geht, und deshalb konnte sie auch nicht mehr so einfach darauf vertrauen, dass diese beiden Kinder die Wahrheit sagten. Aber irgendwie klang ihre Geschichte ja logisch. Logischer, als dass die Räuber sie geschickt hatten. Die hätten ihnen doch bestimmt Waffen mitgegeben.

»Na gut, dann schließ ich auf«, sagte Cho zögernd.

Und kaum hatte sie den Schlüssel im Schloss gedreht und die Schuppentür geöffnet, da stürzten Jabu und Alva auch schon nach draußen.

»Danke, Cho, danke!«, rief Jabu.

»Du wirst sehen, wir haben die Wahrheit gesagt! Jetzt müssen Alva und ich nur noch die Räuberbande finden, um unseren Hoffnungsvogel zurückzuholen.«

»Oder haben die Räuber den Hoffnungsvogel vielleicht gar nicht mitgenommen, sondern im Schloss zurückgelassen, als sie gemerkt haben, dass er zu nichts nütze ist?«, fragte Alva. »Wo müssen wir nach ihm suchen?«

Cho zuckte die Achseln. »Das weiß ich doch nicht!«, sagte sie. »Vielleicht ist er noch im Schloss und vielleicht sind die Räuber mit ihm weitergezogen. Aber ich muss jetzt wirklich nach Hause! Ich kriege sowieso schon genug Ärger!«

Und damit drehte sie sich nun endgültig um und rannte los.

»Und wir?«, fragte Alva und gähnte.

Da lachte Jabu. »Das weißt du doch selbst!«, sagte er. »Wir holen uns erst mal eine Mütze voll Schlaf; und wenn die Sonne über den Horizont steigt, machen wir uns auf den Weg zum königlichen Schloss.«

Und so machten sie es.

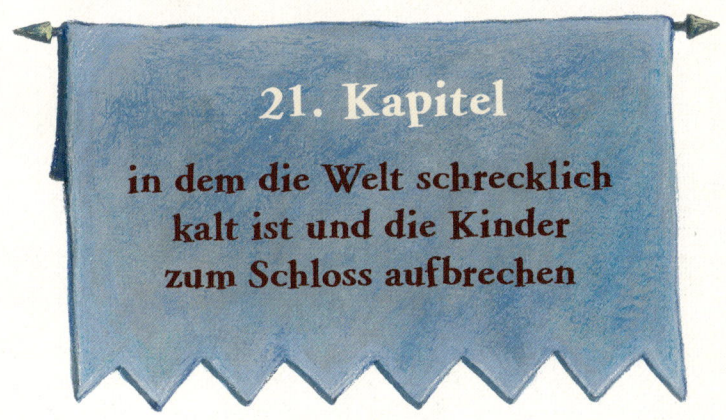

21. Kapitel

in dem die Welt schrecklich kalt ist und die Kinder zum Schloss aufbrechen

Tatsächlich wachte Jabu erst auf, als die ersten Sonnenstrahlen ihn auf seinem Lager zwischen den Netzen am Kai an der Nase kitzelten.

»Was für eine kalte Nacht!«, sagte er, als er sah, dass auch Alva gerade die Augen aufschlug. »Hast du auch so gefroren?«

Alva nickte, und Jabu konnte sehen, dass sie noch immer ein bisschen vor Kälte schlotterte. Na, vielleicht schlotterte sie nicht mehr, aber zittern tat sie schon.

»Wie kann es so kalt sein im Land jenseits des Meeres, mitten im Sommer?«, fragte sie. »Wenn wir das gewusst hätten, hätten wir doch warme Jacken mitgenommen!«

Jabu nickte, aber dabei kramte er schon in seinem Rucksack. »Jetzt wird als Erstes gefrühstückt!«, sagte er, und zum Glück war noch genug von dem leckeren Proviant übrig geblieben, den die Leuchtturmwärterin ihnen auf ihre Suche mitgegeben hatte. Da setzten sie sich am Kai in die Sonne und ließen sich wärmen, und sie aßen, bis ihre Bäuche so voll waren, dass wirklich nicht der kleinste Krümel mehr hineingepasst hätte. Nicht mal Kirschkuchen oder meinetwegen Schokoladentorte.

»Jetzt zum Schloss?«, fragte Jabu und reckte sich; und da machten sie sich auf den Weg. Die ganze Zeit spielte Jabu auf seiner

99

Mundharmonika, und manchmal summte Alva mit, und manchmal hörte sie ihm einfach nur zu.

Fragst du dich auch, ob die beiden nicht vielleicht immer noch ein bisschen Angst hatten, dass irgendwer sie wieder gefangen nehmen würde? Aber die Menschen, denen sie auf ihrem Weg begegneten, wussten ja nicht, dass sie über das Meer gekommen waren; und außerdem sahen die meisten von ihnen nicht einmal auf, wenn Jabu und Alva an ihnen vorübergingen. Es war, als wären den Bewohnern dieses Landes andere Menschen ganz und gar gleichgültig.

Manchmal begegneten die beiden einem Kind, das vor einer ärmlichen Kate am Wegesrand saß und weinte, und manchmal hörten sie, wie Menschen einander anbrüllten; sie sahen, wie Bauern ihre Ochsen schlugen und Bäuerinnen nach ihren halb verhungerten Hunden und Katzen traten, und je weiter sie kamen auf ihrem Weg, desto erschrockener wurden sie.

»Ich hab niemanden gesehen, der fröhlich war!«, sagte Alva traurig, als die Sonne gegen Mittag ihren höchsten Stand erreichte. »Hast du?«

Jabu schüttelte den Kopf. »Und ich hab niemanden gehört, der gelacht hat!«, sagte er. »Und alles sieht so trostlos aus!«

Sie guckten einander an. »So schlimm ist es noch nicht im Glücklichen Land!«, flüsterte Jabu, und er dachte an die freundliche Leuchtturmwärterin und die hilfsbereite Lastwagenfahrerin Lakshmi mit ihren Kindern. »Aber hörst du, Alva, wir müssen unseren Hoffnungsvogel finden, damit es bei uns nicht irgendwann auch so schrecklich wird! Es hat doch längst angefangen!«

Da fuhr hoch beladen ein Fuhrwerk an ihnen vorbei, gezogen von einem alten, alten Pferd, das war so mager, dass man seine Rippen durch das räudige Fell sehen konnte, und sah so erschöpft

aus, als könnte es keinen Schritt mehr weitergehen. Und als der Weg bergauf ging, brach das Pferd in die Knie.

Aber wenn du nun glaubst, dass der Bauer das arme Tier von der Deichsel befreit hätte und ihm eine Pause gönnte oder dass er ihm vielleicht sogar eine Handvoll Hafer gab, dann hast du noch nicht verstanden, wie es zuging im Land jenseits des Meeres.

»Willst du wohl laufen, du fauler Gaul!«, brüllte der Bauer und schwang seine Peitsche. »Hoch mit dir! Glaubst du, ich füttere dich durch, damit du dich ausruhst?« Da kam das Pferd torkelnd wieder auf die Beine.

Aber jetzt rannte Alva vor und baute sich vor dem Fuhrwerk auf, sodass es nicht weiterfahren konnte, und blitzschnell war Jabu an ihrer Seite.

»Was bist du denn für ein Tierquäler?«, rief Alva. »Lass das Pferd gefälligst in Ruhe!«

Anstatt auf sie zu hören, wie die Menschen im Glücklichen Land es früher getan hätten – ach, sie hätten damals ja überhaupt nie ein Pferd so gequält! –, griff der Bauer wieder nach seiner Peitsche, holte weit aus, und nun waren es Alva und Jabu, nach denen er damit schlug.

»Aus dem Weg!«, brüllte der Bauer. »Ungezogene Bälger! Aus dem Weg!«

Da waren sie schon beide unter dem Peitschenhieb zur Seite gesprungen; und damit hatten sie den Weg freigegeben. Und das Letzte, was sie sahen, bevor das Pferd mühsam mit seiner schweren Last den Anstieg begann, waren seine traurigen Augen.

»Tut es noch weh?«, fragte Jabu und sah Alva erschrocken an. Die Peitsche hatte sie viel heftiger erwischt als ihn. Aber sie biss ihre Zähne zusammen.

»Wie kann ein Mensch so grausam sein!«, rief sie. »Nein, so

schlimm ist es noch nicht im Glücklichen Land, und so darf es auch niemals werden; darum lass uns weiterziehen, damit wir unseren Hoffnungsvogel finden!«

Und das taten sie auch; aber obwohl doch die Sonne hoch am Himmel stand, wurde ihnen den ganzen Tag nicht warm.

»Was ist denn das für ein Sommer hier im Land jenseits des Meeres?«, fragte Alva deshalb, als im Dunst am Horizont endlich verschwommen Zinnen und Türme auftauchten, da hofften sie beide sehr, dass die zum königlichen Schloss gehörten und ihr Weg dort zu Ende wäre. »Was ist denn das für ein Sommer, wenn die Sonne nicht mal am Mittag wärmt?«

Jabu antwortete nicht. Er wandte sich um und warf einen Blick zurück, wo auf der anderen Seite des Meeres schemenhaft das Glückliche Land zu erahnen war und dahinter die Gipfel, die man bezwingen musste, wenn man ins Land auf der anderen Seite der Berge wollte. Und richtig! Hoch oben glitzerte immer noch der

Schnee, und du erinnerst dich sicher: Das war ein Grund dafür gewesen, dass Jabu seine Suche lieber im Land jenseits des Meeres beginnen wollte. Weil er nämlich ein bisschen Angst davor gehabt hatte, dieses kalte Gebirge zu überqueren.

»Und im Land hinter den Bergen liegt sogar Schnee!«, murmelte er. »Was ist denn bloß los, Alva? Warum ist die Welt auf einmal so kalt?«

Aber das konnte Alva ihm natürlich auch nicht sagen.

22. Kapitel

in dem die Palastwachen die Kinder wegschicken

So liefen sie durch armselige Dörfer, in denen traurige Jungen und Mädchen in Lumpen magere Ziegen, Kühe und Gänse hüteten; und wo sie auch hinkamen, nirgendwo spielte ein Kind. Sie hörten Weinen, aber niemals Lachen, und allmählich wurden sie auch selbst immer trauriger.

»Spiel, Jabu, spiel unsere Melodie, damit sie uns wieder fröhlich macht!«, sagte Alva, und da zog Jabu seine Mundharmonika aus der Tasche und legte los. Das ist ja das Praktische an einer Mundharmonika, dass man sie auch im Gehen spielen kann. Und so wurde ihnen wieder leichter ums Herz.

»Da vorne liegt wirklich das Schloss!«, sagte Jabu nach einer Weile und blieb stehen. Er starrte ehrfürchtig auf die Türme und das Maßwerk in den Mauern. »Wie prachtvoll es ist!«

Alva nickte, und bestimmt fiel ihnen in diesem Augenblick beiden die gemütliche kleine Kate der Guten Königin ein.

»Und trotzdem ist die Prinzessin nicht glücklich«, sagte Alva nachdenklich.

»Und ihr Land auch nicht!«, sagte Jabu, und er erinnerte sich daran, was seine Mutter, die Gute Königin, ihm erzählt hatte, seit er ihre Worte verstehen konnte: Eine Welt, in der die einen im Reichtum leben und die anderen in Armut, kann niemals glücklich sein. Daran hatten sie sich im Glücklichen Land gehalten; aber jetzt, wo sie ihren Hoffnungsvogel nicht mehr hatten, verdiente das Land trotzdem seinen Namen nicht mehr.

»Und guck mal, die vielen Palastwachen!«, sagte Alva.

Die Gute Königin hatte natürlich keine einzige Palastwache, weil sie ja keinen Palast besaß; aber hier standen vor dem Tor zum Königlichen Park zehn Wachen in Reih und Glied, die trugen rote Jacken mit goldenen Knöpfen und schwarze Hosen mit Glitzerstreifen an den Seitennähten; auf ihren Köpfen saßen eiserne

Helme, an ihren Gürteln hingen Schwerter, und sie hielten Hellebarden in ihren Händen. Sie alle starrten geradeaus und nirgendwo hin, und wenn die Kinder herausfinden wollten, ob ihr Hoffnungsvogel im Schloss war oder immer noch bei der Räuberbande, dann mussten sie irgendwie an ihnen vorbei.

»Frag du!«, flüsterte Jabu. Na, wir haben ja schon gemerkt, dass er manchmal ein bisschen schüchtern war.

Aber Alva war das nicht und peinlich war ihr auch überhaupt nichts.

»Hallo, guten Tag!«, sagte sie darum höflich und versuchte, den Blick der Wachen zu erhaschen. Oder den Blick wenigstens einer Wache. Aber unter ihren Helmen starrten sie einfach weiter über die Köpfe der Kinder hinweg ins Nirgendwo. Ich weiß ja nicht, wie du das findest: Aber ich finde es ziemlich unhöflich, wenn einen jemand anspricht und man guckt ihn trotzdem nicht an.

»Ja, wie gesagt, guten Tag!«, sagte Alva noch mal ein bisschen energischer. Natürlich hatte sie keine Ahnung, ob die Wachen sie überhaupt hörten, aber was sollte sie sonst wohl tun? Darum redete sie tapfer weiter. »Wir sind die Tochter der Leuchtturmwärterin und der Freundliche Prinz aus dem Glücklichen Land, und wir sind gekommen ...«

Da trat ruckartig wie ein mechanisches Spielzeug eine der Wachen vor, die war vielleicht der Chef, und dann trampelte sie abwechselnd zackig und ein bisschen komisch mit beiden Füßen und stieß mit dem Schaft ihrer Hellebarde dreimal auf den Boden. Eigentlich sah das ein bisschen albern aus, wenn ich ehrlich bin.

»Wir dürfen niemanden mehr vorlassen!«, schnarrte die Wache, und an ihrer Stimme erkannten Jabu und Alva nun, dass sie eine Frau war. Und übrigens guckte die sie immer noch nicht an,

106

sondern über sie hinweg, obwohl sie doch mit ihnen sprach, und das finde ich nun wirklich *unglaublich* unhöflich. »Seine Majestät, der König, erlaubt niemandem mehr, seine Tochter zu sehen! Ihr müsst wieder gehen!«

»Wir wollen seine Tochter gar nicht sehen!«, sagte Alva ärgerlich. »Wir sind über das Meer gekommen, um ...«

»Über das Meer seid ihr gekommen?«, rief die Wache. Du hast bestimmt gemerkt, dass die Frau Alva jetzt auch noch unterbrochen hatte, das wurde ja immer unhöflicher. Und weil sie Alva nicht hatte ausreden lassen, erfuhr sie also auch nicht, was die Kinder im Schloss eigentlich wollten. Selber schuld. »Dann macht erst recht, dass ihr fortkommt!«

»Nein, hör doch mal!«, sagte nun auch Jabu. Wenigstens versuchen wollte er es noch mal. »Ich bin selbst ein königlicher Prinz, und wir wollen doch nur ...«

Da stampften auf einmal alle zehn Wachen mit ihren schweren Stiefeln gleichzeitig auf und taten einen Schritt auf die Kinder zu; und alle zeigten sie mit ihren Hellebarden auf Jabu und Alva, als wollten sie sie gleich aufspießen.

»Wenn ich sage, macht, dass ihr fortkommt, dann meine ich auch, macht, dass ihr fortkommt!«, rief die Chefwache.

Da wussten Jabu und Alva, dass sie keine Chance hatten. Aufgespießt werden wollten sie schließlich nicht.

»Ihr seid so unhöflich und unfreundlich und ...!«, rief Alva.

»... und dumm!«, rief Jabu. »Ja, dumm seid ihr, jawohl! Kein Wunder, dass in eurem Land niemand glücklich ist!«

»Jawohl!«, rief Alva. »Genau!«

Aber da traten die Wachen noch einen Schritt vor wie aufgezogene Spielzeugsoldaten, und die Kinder begriffen, dass es Zeit war, sich aus dem Staub zu machen. Und das taten sie auch.

23. Kapitel

in dem Jabu und Alva trotzdem einen Weg in den Schlosspark finden

Aber kaum waren sie aus der Sicht der Wachen verschwunden, da ließen sie sich auch schon ins Gras plumpsen, um zu reden.

»Es kann doch nicht sein, dass wir ganz umsonst die gefährliche Fahrt über das Meer unternommen haben!«, sagte Jabu. »Und jetzt erfahren wir noch nicht mal, ob unser Hoffnungsvogel hier ist!«

»Und dass wir uns letzte Nacht ganz umsonst haben einsperren lassen, kann ja wohl auch nicht sein!«, sagte Alva.

Aber dann waren sie beide still. An den Wachen kamen sie nicht vorbei, das war klar, und wie sie sonst ins Schloss kommen sollten, wusste keiner von beiden.

»Die Mauer ist zu hoch!«, murmelte Jabu.

Alva nickte. Sie hatte auch schon überlegt, ob sie nicht vielleicht über die Mauer in den Park klettern konnten. Mit einer Räuberleiter vielleicht. Aber selbst wenn sie das versucht hätten, hätten sie nicht bis zur Mauerkrone gereicht, egal, wie sehr sie sich auch gereckt und gestreckt hätten, das konnte sie sehen.

»So eine hohe Mauer gibt es im ganzen Glücklichen Land nicht!«, sagte Jabu düster.

»Weil wir sie bei uns nicht brauchen!«, rief Alva. »Komm, Jabu, wir können uns doch nicht einfach geschlagen geben! Wer weiß, vielleicht ist die Mauer an einer anderen Stelle niedriger?«

Aber das war die Mauer natürlich nicht, und auch als sie eine ganze Stunde an ihr entlanggewandert waren, hatten sie noch keine Stelle entdeckt, an der sie sie hätten überwinden können.

Trotzdem! Inzwischen kennst du die beiden ja und weißt, dass sie nicht so schnell aufgaben. Darum zog Jabu wieder seine Mundharmonika aus der Tasche und spielte ihre Melodie, und Alva sang dazu; und auch wenn sie allmählich müde wurden und ihre Hoffnung geringer und geringer, folgten sie der Mauer doch beharrlich immer noch weiter. Und gleich wirst du merken, dass ihre Beharrlichkeit sich gelohnt hatte.

»Da!«, rief Jabu nämlich plötzlich und setzte seine Mundharmonika ab, mitten im Lied. »Guck doch mal, Alva!« Und Alva guckte, wohin sein Finger zeigte.

Nur ein paar Schritte vor ihnen wuchs ganz dicht an der Mauer eine Gruppe alter Erlen und Birken und Haselnusssträucher, die hatte natürlich niemand da hingepflanzt; die wachsen schließlich überall, wenn man ihnen nur ein bisschen Platz lässt. Und inzwischen waren die Bäume so hoch, dass der höchste Ast der höchsten Erle fast bis über die Mauer ragte, und ihre Blätter raschelten im Wind.

Hatten die Palastwachen die Bäume denn niemals gesehen? Das weiß ich leider auch nicht, vielleicht interessierten sie sich nur für das Tor? Jedenfalls war es ein Glück für die beiden Kinder, dass diese Erle dort wuchs.

»Kommst du da hoch?«, fragte Alva, und dann guckten sie den Baum ein bisschen genauer an. Denn vom Ast aus über die Mauer zu gelangen, war ein Leichtes, das hatten sie gleich gesehen, aber zuerst mussten sie ja mal so weit nach oben klettern.

»Am schwierigsten ist es ganz unten!«, sagte Jabu, und Alva nickte. »Da gibt es gar keine Äste, nur den Stamm.«

»Also doch eine Räuberleiter!«, sagte sie. »Bis zum untersten Ast! Wer hält wem die Hände hin?«

Und weil beide lieber hochsteigen wollten als ihre Hände zur Räuberleiter zu falten, spielten sie Stein-Schere-Papier und Jabu gewann.

»Dann hoch!«, sagte Alva und hielt ihm ihre Hände hin, und dazu beugte sie sich ein wenig nach unten: So konnte Jabu sich auf ihren Schultern abstützen, und schwups!, schon stand er oben und es war ganz leicht, den stabilen, untersten Ast zu erreichen.

Aber wenn du denkst, dass er nun hochgeklettert wäre von Ast zu Ast bis oben zur Mauerkrone und von da hinunter in den kö-

niglichen Park und dass er Alva draußen zurückgelassen hätte, dann kennst du Jabu noch immer nicht. Er legte sich stattdessen bäuchlings auf den Ast und schlang seine Beine um den Stamm, um sich festzuhalten; und dann reichte er Alva beide Hände. So konnte sie sich an seinen Händen auch nach oben ziehen. Und übrigens empfehle ich dir nicht, das nachzumachen. Bei Jabu und Alva hat es zwar geklappt, aber es kann auch ganz leicht mal schiefgehen, wenn man kein Akrobat ist, und das sind ja die meisten von uns nicht.

Na gut, aber jetzt, wo sie beide den untersten Ast erreicht hatten, ging es ganz zügig weiter. Zum Glück war es für beide Kinder nicht der erste Baum, auf den sie kletterten, schließlich mussten

im Glücklichen Land in jedem Jahr die Kirschen geerntet werden und die Birnen und die Äpfel und Pflaumen und später auch noch die Quitten, und du glaubst doch wohl nicht, dass da die Erwachsenen bis in die höchsten Wipfel gestiegen wären. Darum hatten Jabu und Alva genügend Übung und es dauerte nicht lange, da hatten sie schon den obersten Ast erreicht; und von dem konnten sie mühelos auf die Mauerkrone springen.

»Aber wie kommen wir denn später wieder zurück?«, fragte Jabu. »Wie schaffen wir es vom Park auf die Mauer?«

Alva zuckte die Achseln. »Kommt Zeit, kommt Rat!«, sagte sie, und das ist manchmal genau richtig, wenn man für eine Aufgabe noch keine Lösung weiß, und diesmal war es das auch, das wirst du noch merken.

»Aber es ist viel zu hoch zum Springen!«, sagte Jabu und sah enttäuscht von der Mauerkrone nach unten ins Gras. Und da musste Alva nicht mal antworten, das war ihnen beiden klar. Wenn sie sich nicht alle Knochen brechen wollten, brauchten sie eine Leiter.

»Dann suchen wir uns einfach eine bessere Stelle«, sagte Alva zuversichtlich.

Denn die Mauer war oben richtig breit, wie das auch alte Stadtmauern sind; da konnten die Kinder ganz gemütlich auf ihr entlangspazieren und gucken, ob sie vielleicht auch im Park einen Baum entdeckten, auf dem sie nach unten klettern konnten. An eine Leiter glaubten sie ja natürlich nicht.

Die ganze Zeit blickten sie dabei in den königlichen Park, und da verschlug es beiden fast den Atem. Sie kannten schließlich nur den königlichen Garten der Guten Königin, verstehst du, und so etwas Großes und Großartiges wie diesen Park hatten sie noch niemals gesehen. Uralte Bäume spendeten in der Nachmittagssonne Schatten, und der Rasen war fein wie Samt; Rhododendren und Hortensien präsentierten um die Wette ihre schönsten Blüten, als wollten sie anblühen gegen die Traurigkeit im Land, und überall wuchsen fremdartige Sträucher, die hatten die Kinder zu Hause noch niemals gesehen.

»Wie wunderschön!«, flüsterte Jabu.

»Aber die Prinzessin ist nicht glücklich!«, sagte Alva entschieden. Das musste man natürlich auch bedenken.

»Warum haben wir so etwas Schönes nicht im Glücklichen Land?«, fragte Jabu.

Alva zuckte die Achseln. »Wir könnten doch, wenn wir wollten!«, sagte sie. »Nur eine einzige Versammlung im königlichen Garten, bei der das Volk beschließt, dass wir auch so einen Park haben wollen – aber dann für alle und ohne Mauer drum rum! –, und schon können wir genauso einen kriegen!«

Und das stimmte ja.

Aber Jabu hatte ihr schon gar nicht mehr zugehört. »Siehst du das auch?«, fragte er aufgeregt, und dann begann er auch schon zu rennen. (Du erinnerst dich, die Mauerkrone war breit genug.) Denn vor ihnen, nur wenige Schritte entfernt, wuchs im Park eine uralte, knorrige Eiche. Und weil die Mauer ja nur dazu da war, niemanden *in* den Park hineinzulassen, durfte die Eiche da auch wachsen; und die Kinder sahen sofort, dass sie auf ihr so leicht und bequem hinabklettern konnten, als gäbe es doch eine Leiter.

»Juhu!«, sagte Alva.

»Und zurück kommen wir so auch!«, sagte Jabu erleichtert. Aber das war gar nicht nötig, wirst du noch sehen.

Dann waren sie auch schon beide auf dem Rasen angekommen.

24. Kapitel

in dem die traurige Prinzessin wieder fröhlich wird, aber heiraten muss Jabu sie trotzdem nicht

Ja, der Park war wirklich so wunderschön, wie sie von oben gedacht hatten, mit blühenden Blumenrabatten und Rosensträuchern, aber natürlich mussten Alva und Jabu auf ihrem Weg zum Schloss vorsichtig sein, dass niemand sie entdeckte. Schließlich hatten die Wachen sie ja nicht hineinlassen wollen. Darum schlichen sie so gebückt, als wären sie Räuber, und warfen vorsichtige Blicke in alle Richtungen; und wenn sie einen Gärtner entdeckten, der die Rosensträucher beschnitt oder die Rabatten wässerte – denn natürlich gab es viele Gärtner in so einem großen Park! –, dann versteckten sie sich hinter dem nächsten Strauch und warteten, bis ganz sicher niemand mehr in ihre Richtung sah, und erst dann liefen sie weiter.

So näherten sie sich allmählich dem Schloss, aber dann packte Alva Jabu plötzlich ganz fest am Arm. »Psssst!«, flüsterte sie.

Vor ihnen auf dem Rasen, halb verborgen hinter Rosensträuchern, die in den verschiedensten Farben blühten, bunt wie ein Feuerwerk, lag auf einem goldenen Ruhebett unter einer dicken, warmen Decke ein Mädchen in der Sonne, deren Augen waren geschlossen und ihre Wangen so blass, dass sie fast durchsichtig schienen.

»Die Prinzessin!«, flüsterte Jabu aufgeregt. »Das ist bestimmt die traurige Prinzessin, Alva! Glaubst du, sie schläft?«

Das konnte Alva natürlich auch nicht sagen, aber in genau diesem Augenblick stolperte sie dummerweise über eine Wurzel, weil sie doch die ganze Zeit zur Prinzessin hingestarrt und nicht vor sich auf den Boden geguckt hatte; und vor Schreck stieß sie einen kleinen Schrei aus. Aber zum Glück war der nicht so laut, dass einer der Gärtner oder womöglich sogar eine Palastwache sie hören konnte.

Nur die Prinzessin auf ihrem Ruhebett hatte sie gehört, darum riss sie erschrocken ihre Augen auf; und Jabu krampfte sich das Herz zusammen. Denn bevor die Prinzessin ihre Augen wieder schloss, hatte er einen Blick hineinwerfen können, und da waren es die traurigsten Augen, die er jemals gesehen hatte.

»Prinzessin!«, flüsterte Jabu und ließ sich neben ihr auf die Knie fallen. »Prinzessin, du musst keine Angst vor uns haben! Wir sind ...«

Dabei sah es natürlich sowieso überhaupt nicht so aus, als ob die Prinzessin Angst vor ihnen hätte; und auch vor nichts anderem auf der Welt. Denn wenn man so abgrundtief traurig ist wie die traurige Prinzessin, dann ist einem alles ganz gleichgültig, und darum fürchtet man auch nichts und niemanden. Na, das ist ja vielleicht wenigstens gut.

»Wir sind der Freundliche Prinz aus dem Glücklichen Land und die Tochter der Leuchtturmwärterin, und wir suchen unseren Hoffnungsvogel!«, flüsterte Jabu.

Kann es sein, dass da die Augenlider der kleinen Prinzessin ein winziges bisschen flatterten?

»Wir glauben, dass eine gemeine Räuberbande unseren Hoffnungsvogel gestohlen hat!«, flüsterte jetzt Alva. »Er sollte dich aus deiner Traurigkeit erlösen, damit sie deine Hand und das Königreich gewinnen würden, die Schufte! Aber dann wollte der Vogel nicht singen! Hat die Bande ihn bei euch im Schloss zurückgelassen, erinnerst du dich? Oder hat sie ihn mitgenommen, als sie mit dem Schatz aus eurer Schatzkammer geflohen ist?«

Hatten die Kinder wirklich erwartet, dass die Prinzessin ihnen antworten würde? Das tat sie nämlich nicht. Ganz still lag sie jetzt wieder da mit geschlossenen Augen, und ihr Anblick brach Jabu fast das Herz.

»Schade, dass du uns nichts sagen kannst!«, sagte er leise. »Aber ich will dir wenigstens die Melodie spielen, die uns die Leuchtturmwärterin geschenkt hat und die meine Gefährtin und mich schon oft getröstet hat auf unserer Suche.«

Und damit setzte er seine Mundharmonika an die Lippen und

begann zu spielen, so leise und zart wie noch niemals zuvor, weil er nämlich Angst hatte, die fast durchsichtige Prinzessin zu erschrecken. Und Alva setze sich einfach dazu und lauschte und schwieg; und beide hielten sie die Traurigkeit der Prinzessin aus und liefen nicht fort, wie Menschen es sonst oft tun, wenn sie den Kummer eines Menschen nicht ertragen können, das hast du vielleicht auch schon erlebt.

Aber die beiden Kinder machten es nicht so. Sie wollten der Prinzessin einfach nur eine Weile Gesellschaft leisten, damit sie nicht so alleine war in ihrer Traurigkeit; auch wenn sie natürlich beide wussten, dass sie sie daraus nicht erlösen konnten.

Und nun pass mal auf! Das hast du doch auch schon erlebt, dass die Dinge manchmal ganz anders kommen, als du erwartet hast? Ganz, ganz anders? Manchmal vielleicht besser und manchmal leider auch schlechter? So ist es ja im Leben öfter, und haargenau so war es auch diesmal.

Denn während Jabu also auf seiner Mundharmonika spielte und Alva einfach nur der Traurigkeit der Prinzessin lauschte, flatterten auf einmal deren Lider; und dann öffnete sie die Augen, sah die Kinder verwirrt an und nahm einen tiefen, tiefen Atemzug.

»Spiel weiter!«, flüsterte sie. »Spiel weiter, Freundlicher Prinz!«

Da sah Jabu ganz aufgeregt Alva an und Alva genauso aufgeregt Jabu, und dann setzte er die Mundharmonika wieder an seine Lippen und Alva lächelte die Prinzessin an, und nach gar nicht langer Zeit setzte die sich plötzlich auf und lächelte auch.

»Ich glaube, ihr habt mich aufgeweckt aus meiner Traurigkeit!«, flüsterte sie. »Wie schön die Blumen blühen! Wie wunderschön mein Park heute ist, wie herrlich die Rosen duften und wie die Sonne scheint! Habt Dank, ihr beiden aus dem Glücklichen Land!«

Dann schob sie auch schon die Decke zur Seite, als wollte sie aufstehen.

Und bevor du nun grübelst, was die Traurigkeit der Prinzessin verscheucht und ihr Trost gebracht hatte, ob es die Melodie der Leuchtturmwärterin gewesen war oder Alvas stumme geduldige Freundlichkeit, sage ich dir lieber ganz schnell: Ich weiß es doch auch nicht! Vielleicht das eine und vielleicht das andere und vielleicht auch beides zusammen. Der Hoffnungsvogel kann es auf alle Fälle nicht gewesen sein, so viel ist mal klar, der war ja immer noch verschwunden.

Jedenfalls wollte die Prinzessin jetzt sogar aufstehen von ihrem Ruhebett, aber dann fiel ihr noch etwas ein. »Ihr habt nach eurem Hoffnungsvogel gefragt!«, sagte sie. Aber dabei guckte sie nicht Jabu an und nicht Alva, sondern sah sich mit leuchtenden Augen immer noch um in ihrem Park, als sähe sie ihn zum allerersten Mal; und auf ihrem Gesicht lag ein Strahlen, als wäre sie noch nie in ihrem ganzen Leben so glücklich gewesen. »Wo euer Hoffnungsvogel ist, kann ich euch leider nicht sagen. Aber mein Vater, der König, weiß es ganz bestimmt. Zu ihm will ich jetzt sowieso gehen, damit er weiß, dass ich von meiner Traurigkeit erlöst bin!« Dann lachte sie. »Und ihr könnt euch nicht vorstellen, was für einen Hunger ich auf einmal habe!«, rief sie. »Kommt schnell mit ins Schloss!«

»Ja, prima, dann kommen wir mit!«, sagte Alva verblüfft und gab Jabu ein Zeichen.

Die Prinzessin stand nun wirklich vorsichtig auf, und weil es das erste Mal war nach vielen traurigen Monaten, schwankte sie zuerst ein wenig auf ihren schwachen Beinen; aber dann hatte sie sich gefangen.

»Und natürlich gehört dir nun meine Hand!«, rief sie plötz-

lich, als hätte sie beinahe etwas Wichtiges vergessen, und dabei lächelte sie Jabu an. »So lautete das Versprechen meines Vaters!«

Jabu zuckte zusammen. »Willst du das unbedingt?«, murmelte er. »Also, mich heiraten? Ich hab doch eigentlich gar nichts gemacht! Ich hab nur auf meiner Mundharmonika gespielt. Und du bist ganz bestimmt nett, aber vielleicht finde ich ja später mal eine andere noch netter als dich, und darum würde ich mich im Moment noch nicht so gerne festlegen!«

Die Prinzessin sah ein bisschen erstaunt aus, aber dann lachte sie. »Oh, das passt mir gut!«, sagte sie. »Ich hätte dich natürlich geheiratet, weil mein Vater es versprochen hat, und ich finde dich viel netter als all die anderen, die mich erlösen wollten; aber eigentlich würde ich auch ganz gerne noch ein bisschen warten und mir meinen Mann später selbst aussuchen!«

»Dann ist das also geklärt!«, sagte Jabu erleichtert.

»Aber das Königreich?«, fragte die Prinzessin. »Das Königreich gehört dir doch auch! Und das kannst du natürlich trotzdem haben.«

Jabu überlegte einen Augenblick, dann schüttelte er den Kopf. »Ich hab ja selbst schon eins!«, sagte er. »Und zwei Königreiche brauche ich eigentlich nicht. Du kannst deins behalten.«

Die Prinzessin guckte erstaunt. »Und du?«, sagte sie zu Alva. »Du könntest es natürlich auch haben.«

Aber Alva schüttelte den Kopf. »Ob ich geholfen habe, dich zu erlösen, wissen wir doch gar nicht!«, sagte sie. »Ich hab schließlich nur deiner Traurigkeit gelauscht. Und außerdem kriege ich später mal einen Leuchtturm, da brauch ich nicht auch noch ein Königreich.«

Die Prinzessin lachte. »Aber alles, was noch in der Schatzkammer ist?«, fragte sie. »Möchtet ihr wenigstens das?«

Da sahen Jabu und Alva einander an und dann schüttelten sie wieder beide den Kopf.

»Nicht böse sein, Prinzessin!«, sagte Jabu. »Aber wir möchten uns wirklich gerne so schnell wie möglich auf die Suche nach unserem Hoffnungsvogel machen, und wenn wir da noch so viel überflüssigen Plunder mit uns herumschleppen müssen ...«

»Vielleicht später mal!«, sagte Alva, damit die Prinzessin nicht traurig war, weil sie all ihre freundlichen Angebote abgelehnt hatten. »Dann melden wir uns!«

»Und jetzt gehen wir erst mal zu meinem Vater!«, sagte die Prinzessin entschieden. »Na, der wird staunen!«

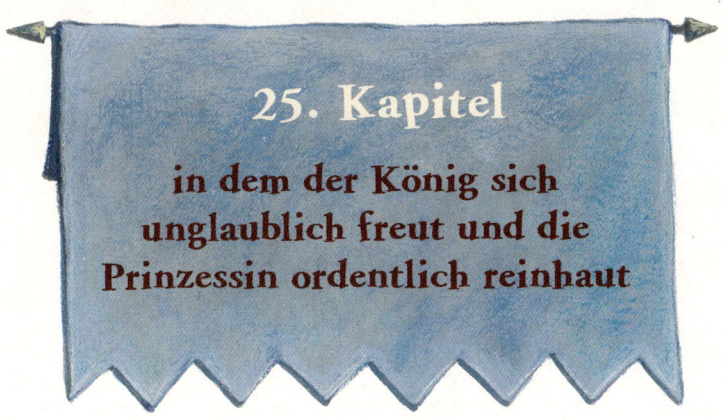

25. Kapitel

in dem der König sich unglaublich freut und die Prinzessin ordentlich reinhaut

Aber zuerst staunten natürlich die Gärtner und die Palastwachen alle, als sie ihre Prinzessin entdeckten, wie sie vergnügt mit zwei Kindern durch den Schlosspark zum Schloss lief. Natürlich hätten sie die Kinder sofort gefangen nehmen müssen, die durften doch eigentlich gar nicht da sein; aber weil die Prinzessin mit ihnen redete und lachte, wagten sie das nicht. Eine Gärtnerin allerdings folgte ihnen in wenigen Schritten Abstand, aber immer so, dass sie sich schnell hinter einem Strauch verstecken konnte, falls die Kinder sich umdrehen sollten; und als sie das Schloss erreicht hatten und durch die schwere zweiflügelige Palasttür traten, verbarg die Gärtnerin sich schnell unter dem Fenster des Thronsaals hinter einem riesengroßen Rhododendron. Du kannst dir schon denken: Sie wollte alles belauschen. Aber warum wohl?

»Bestimmt ist mein Vater im Thronsaal, um seine Regierungsgeschäfte zu erledigen!«, sagte die Prinzessin, kaum hatten sie das Schloss betreten. Na, da hatte die neugierige Gärtnerin sich ja den richtigen Platz ausgesucht. »Ich würde natürlich lieber sofort in die Schlossküche gehen, um mir etwas zu essen zu holen, aber mein Vater soll doch zuerst wissen, dass ich nicht mehr traurig bin, damit er auch nicht mehr traurig sein muss!«

War das nicht nett von ihr? Denn dass ihr Hunger riesengroß

war, konnten Jabu und Alva sogar hören, so laut knurrte ihr Magen. Kein Wunder, wenn man so lange nichts gegessen hat.

Dann riss die Prinzessin schon die Tür zum Thronsaal auf, und die beiden Wachen, die sich in ihren leuchtenden Uniformen rechts und links davon aufgebaut hatten, beachtete sie nicht mal. Die waren übrigens auch so überrascht, dass sie Jabu und Alva nicht aufhielten, als die der Prinzessin einfach in den Thronsaal folgten.

Dort saß der König auf seinem Thron, und vor ihm zu seinen Füßen kauerte auf einem niedrigen Hocker sein Schreiber, der schrieb mit einer Gänsefeder alles auf, was der König ihm an wichtigen Sachen diktierte. Und wenn du nun fragst, warum er dabei so unbequem auf einem Hocker kauern musste, kann ich dir das nicht sagen, so verlangten die Könige es eben von ihren Untertanen. Aber Jabu war mindestens genauso erstaunt wie du, weil er so was bei seiner Mutter, der Guten Königin, ja noch niemals gesehen hatte. Die schrieb außerdem alles selbst auf.

»Papa!«, rief die Prinzessin. »Papa, alles ist wieder gut!« Und dann fiel sie ihrem Vater auch schon um den Hals und gab ihm einen lauten, schmatzigen Kuss und der König sah eine halbe Sekunde lang ganz verwirrt aus, aber dann presste er seine Tochter an sich, als wollte er sie niemals wieder loslassen.

Und weil das eine ganze Weile dauerte – kein Wunder nach den langen, unglücklichen Monaten! –, hatten Jabu und Alva auch ordentlich Zeit, sich in Ruhe im Thronsaal umzusehen, und, du meine Güte, war das eine Pracht! Die Decke war so hoch, dass man fürchten musste, sie würde gegen den Himmel stoßen, und hundert Kronleuchter glitzerten und glänzten sogar jetzt am Tag im Licht ihrer Kerzen; unzählige Säulen waren mit Gold verziert, und an den Wänden zwischen den Fenstern prunkten Statuen aus dem schönsten weißen Marmor.

Einen Augenblick lang überlegte Jabu, ob er sich so einen Saal im Glücklichen Land auch wünschen sollte, aber sehr gemütlich fand er ihn ehrlich gesagt nicht; da saß er lieber in der kuscheligen Küche in der königlichen Kate.

»Meine Tochter!«, flüsterte der König endlich, und dabei hielt er sie auf Armeslänge von sich weg, um sie ganz genau anzusehen, während ihm die Freudentränen aus den Augen strömten. »Ich glaube tatsächlich, du bist in der traurigen Zeit sogar ein bisschen gewachsen!«

»Das können wir ja gleich mal messen!«, sagte die Prinzessin ungeduldig und machte sich los. »Aber zuerst muss ich unbedingt etwas essen!« Sie schnipste mit den Fingern, und da stand auch schon ein Diener in einer schwarzen Livree vor ihr, um ihre Befehle entgegenzunehmen. »Geh in die Küche und sag der Köchin, dass ich am Verhungern bin!«, sagte sie. »Und für meine beiden Freunde hier soll sie auch reichlich mitgeben!«

123

Da verneigte der Diener sich und verschwand lautlos in die Küche, um etwas zu essen zu holen; und jetzt endlich guckte der König auch Jabu und Alva genauer an. Die hatte er zuerst gar nicht bemerkt, weil er doch so glücklich war, dass er seine fröhliche Tochter zurückhatte.

»Deine Freunde?«, fragte er also die Prinzessin. »Und wer sind die beiden?«

Da erzählte die Prinzessin, wie die Kinder sich im königlichen Park zu ihr gesetzt und Mundharmonika gespielt und ihrer Traurigkeit gelauscht hatten, und sie war noch lange nicht fertig mit ihrem Bericht, da kam schon der Diener mit einem vornehmen Servierwagen zurück in den Saal, darauf lag ein weißes Tischtuch aus gestärktem Leinen. Und auf dem Tischtuch standen Schalen und Schüsseln und Platten aus dem feinsten Porzellan, gefüllt mit den köstlichsten Speisen.

Deshalb konnte die Prinzessin leider nicht mehr weiterreden, weil sie nun unbedingt reinhauen musste. Und während sie aß wie ein Scheunendrescher – das war nun nicht erstaunlich nach so einer langen Fastenzeit! –, beendeten einfach Jabu und Alva abwechselnd ihren Bericht.

26. Kapitel

in dem der König eine Belohnung für den Hoffnungsvogel verspricht

»Dann habt ja ihr mein Kind aus seiner Traurigkeit erlöst!«, rief der König. »Dann gehören euch natürlich die Hand meiner Tochter und das ganze Königreich!« Und er sah nicht mal unglücklich aus dabei. Vielleicht fand er auch, dass die beiden Kinder ziemlich nett waren, da wollte er ihnen alles, was ihm lieb und teuer war, natürlich lieber geben als zum Beispiel dem zotteligen Kerl, der sich mit seinen Kumpanen und Kumpaninnen in seiner Schatzkammer bedient hatte.

»Wir haben uns mit der Prinzessin geeinigt, dass wir das alles nicht brauchen!«, sagte Jabu entschuldigend, und der König guckte so erstaunt, dass seine Tochter dann doch schnell eine kleine Pause machte und mit vollem Mund rief: »Das stimmt!« Danach nahm sie sich schon wieder die nächste Gabel voll, und das waren jetzt leckere Bratkartoffeln, denn wenn du so einen riesigen Hunger hast, dass du glatt einen ganzen Bären verschlingen könntest, können dir vornehme Wachtelbrüstchen gestohlen bleiben. Zum Glück hatte sich die Köchin schon so was gedacht.

»Ihr wollt mein Königreich gar nicht?«, fragte der König verblüfft. Und verblüfft konnte er wirklich sein, denn all die anderen Menschen vorher waren schließlich nur deswegen gekommen und nicht, weil sie der Prinzessin wirklich helfen wollten.

125

»Ich bin ja selbst ein Prinz von königlichem Geblüt!«, sagte Jabu verlegen. »Ich hab ja selbst ein Königreich.«

»Von königlichem Geblüt?«, rief der König, »du bist von königlichem Geblüt?«

Ach, hätte er das mal nicht so laut gerufen! Aber so konnte es jeder im Thronsaal hören, und weil die Fenster geöffnet waren, hörte es draußen auch die Gärtnerin, die unten immer noch gebückt hinter dem Rhododendron kauerte und lauschte. Und deren Augen leuchteten bei diesen Worten plötzlich auf und sie verzog ihr Gesicht zu einer bösen Grimasse.

»Ich wusste immer, dass nur ein Prinz von königlichem Geblüt meine Tochter erlösen kann!«, sagte der König jetzt wieder in normaler Lautstärke. »Ich wusste es einfach!«

War das nicht ein bisschen hochnäsig?

»Also, ich bin die Tochter einer Leuchtturmwärterin!«, sagte Alva deshalb ein bisschen beleidigt. »Und ich hab sie doch auch mit erlöst! Um einen Menschen zu trösten, muss man doch nicht von königlichem Geblüt sein!«

Aber Jabu wollte den König gerade lieber nicht verärgern. Schließlich sollte er ihnen bei ihrer Suche nach dem Hoffnungsvogel helfen.

»Wir sind eigentlich gar nicht gekommen, um deine Tochter zu erlösen!«, sagte er darum schnell. »Das war nur Zufall! Wir sind gekommen, um unseren Hoffnungsvogel zurückzuholen!«

Und dann erzählte er dem König die ganze Geschichte, die du ja schon kennst, und am Ende kraulte der König sich nachdenklich seinen wohlgestutzten Bart. »Ich wünschte, ich könnte euch helfen!«, sagte er, und es klang, als meinte er es ehrlich. »Aber ich weiß leider auch nicht, wo der wunderschöne Vogel, den die Räuber dabeihatten, jetzt ist. Sie haben ihn wieder mitgenommen, als sie geflohen sind! Ich will sofort meinen königlichen Ausrufer im ganzen Land ausrufen lassen, dass wir den Hoffnungsvogel suchen. Dann geht es vielleicht schneller.«

Jabu und Alva nickten ein bisschen enttäuscht. Wie schade war das denn? Wenigstens ein bisschen hatten sie doch gehofft, dass hier im Schloss ihre Suche zu Ende sein würde. Und nun mussten sie weiter auf Wanderschaft gehen.

Da mischte sich plötzlich die Prinzessin ein. Die war inzwischen ziemlich satt, darum konnte sie wieder mitreden.

»Nun lass die beiden doch auch endlich mal was essen, Papa!«, sagte sie. »Haut rein, bevor ihr euch wieder auf den Weg macht!«

Und das ließen Jabu und Alva sich nicht zweimal sagen, so viel Zeit musste einfach noch sein. Schließlich hatten sie seit dem Beginn ihrer Suche immer nur den Proviant der Leuchtturmwärterin gegessen, und der war zwar eigentlich ganz lecker, aber irgendwann möchte man doch auch mal wieder was anderes haben als immer nur geschmierte Brote und Äpfel. Und außerdem war inzwischen nichts mehr davon da.

Sie sahen sofort, dass es eine richtige Auswahl auf dem Servierwagen inzwischen leider nicht mehr gab, dafür war der Hunger der Prinzessin einfach zu groß gewesen; aber die Wachtelbrüstchen waren noch alle da und feinste Pasteten und vor allem eine ganze Menge Wackelpudding und Schokomousse und Crème brûlée. Bis

zum Nachtisch war die Prinzessin nämlich noch gar nicht gekommen, da bedienten Jabu und Alva sich eben großzügig. Und der König ließ in der Zwischenzeit nach seinem königlichen Ausrufer schicken, damit der im ganzen Land bekannt geben sollte, dass die Prinzessin wieder fröhlich und dass seine Majestät auf der Suche nach dem bunten Hoffnungsvogel wäre. Und wer ihm einen Hinweis geben könne, der sollte eine Handvoll Gold bekommen, und wer den Vogel brächte, sogar einen ganzen Koffer voll. Jetzt, wo Jabu und Alva weder die Hand der Prinzessin wollten noch das ganze Königreich oder den königlichen Schatz, war der König ja wieder richtig reich, verstehst du, da konnte er schon eine ordentliche Belohnung versprechen.

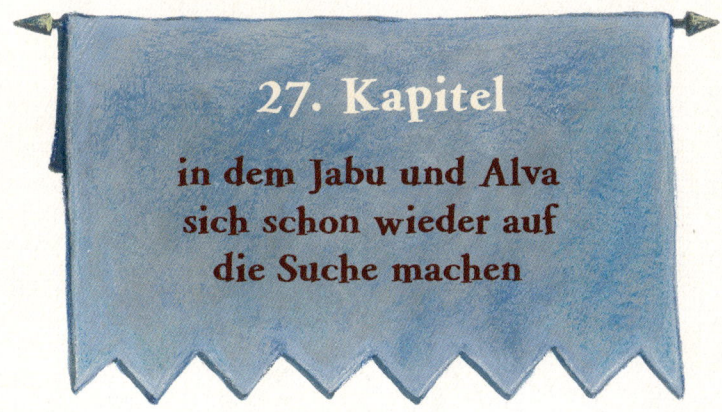

27. Kapitel

in dem Jabu und Alva sich schon wieder auf die Suche machen

Als Jabu und Alva endlich genauso satt waren wie die Prinzessin, war der Servierwagen fast leer. Nur ein paar traurige Oliven kullerten noch in einer kleinen Schale herum, in einer Terrine schwappte Graupensuppe und ein paar einsame Knoblauchzehen schwammen in ihrem Kräuteröl. Aber vom Nachtisch war auch nicht das winzigste Bisschen mehr übrig und sogar die Wachtelbrüstchen waren alle verschwunden.

»Dann können wir uns ja wieder auf den Weg machen«, sagte Jabu. »Vielen Dank, Majestät, für das leckere Essen!«

»Soll ich euch den Rest einpacken lassen?«, fragte der König freundlich. Aber Jabu und Alva schüttelten gleichzeitig den Kopf. Irgendwie war das nicht der Proviant, auf den sie Appetit hatten.

»Ja, kann ich denn gar nichts für euch tun?«, fragte der König und jetzt klang er beinahe kummervoll. »Wo ihr gerade meine Tochter erlöst und mir damit das schönste Geschenk gemacht habt, das man einem Vater machen kann?«

Da wagte Alva sich vor. »Ihr habt doch schon den Ausrufer losgeschickt, um uns zu helfen, den Hoffnungsvogel zu finden, Majestät!«, sagte sie. »Vielen Dank! Aber zwei warme Jacken wären auch noch schön. Es ist so kalt in eurem Land!«

Da guckte der König auf einmal ganz bekümmert. »Euer

Wunsch sei euch erfüllt!«, sagte er, und du ahnst es schon: Er schnipste wieder nach einem Diener und der machte sich sofort auf den Weg zum königlichen Kleiderschrank.

Der König seufzte. »Seit einigen Jahren wird es kälter und kälter in meinem Land! Ich habe alle weisen Männer und Frauen zusammenrufen lassen, um die Ursache herauszufinden, aber lange Zeit wusste niemand eine Antwort. Bis eine von ihnen sagte, nur ein Grund fiele ihr ein: dass die Herzen vieler Menschen inzwischen zu Eis geworden wären. Denn wo immer mehr Menschen unglücklich werden, wo mit der Fröhlichkeit auch die Freundlichkeit verschwindet und keiner mehr einem anderen hilft, da stirbt in allen Herzen die Wärme. Darum wird es jetzt immer kälter um uns herum. Oh, ich wünschte, ich wüsste, wie ich die Herzen meiner Untertanen wieder auftauen kann!«

Da fiel Jabu natürlich sofort der Schnee auf den Gipfeln des Gebirges zwischen dem Glücklichen Land und dem Land hinter den Bergen ein. War es im Land hinter den Bergen etwa noch viel schlimmer als hier?

»So kommt es, wenn die Herzen der Menschen nicht mehr füreinander schlagen?«, fragte er erschrocken. Und er dachte an die Versammlung im königlichen Garten seiner Mutter und wie unfreundlich die Menschen auch da gewesen waren. Bestimmt dauerte es nicht mehr lange, bis auch ihre Herzen von ihrer eigenen Kälte gefroren waren! Da war es ja noch viel wichtiger, dass er endlich den Hoffnungsvogel zurückbrachte, damit das Glückliche Land nicht irgendwann in Eis und Schnee erstarrte!

Die Prinzessin hatte währenddessen am Türrahmen zum Thronsaal nachgemessen, wie viel sie inzwischen gewachsen war; am Türrahmen hatte ihr Vater, der König, nämlich jeden Monat die Markierungen dafür eingeritzt. Und das machte sie nun mit

einem goldenen Messer vom Servierwagen auch.

»Ich bin größer geworden!«, rief sie
begeistert. »Ich bin wirklich größer geworden, Papa!« Und mit Daumen und
Zeigefinger zeigte sie, wie groß der Abstand zwischen dem vorigen Strich
und dem neuen war.

Aber dann sah sie, dass ihre Freunde
sich verabschieden wollten.

»Wollt ihr wirklich nicht bleiben?«,
fragte sie bittend. »Denkt doch,
vielleicht könntet ihr helfen, die
Herzen der Menschen in meinem Land aufzutauen! Wenn
ihr sogar mir helfen konntet,
deren Traurigkeit doch die
größte von allen war!«

Aber Jabu schüttelte den
Kopf. »Wer weiß, ob
meine Melodie über-
haupt dabei helfen
würde!«, sagte er. »Und
selbst wenn: Alva und ich
müssen unseren Hoffnungs-
vogel finden. Du kennst doch jetzt die Melodie auch, und vielleicht kannst du es selbst versuchen? Oder hast du sonst so viel
zu tun?«

Da guckte die Prinzessin ein bisschen überrascht, und dann
schüttelte sie nachdenklich den Kopf. »Ich muss ja noch nicht

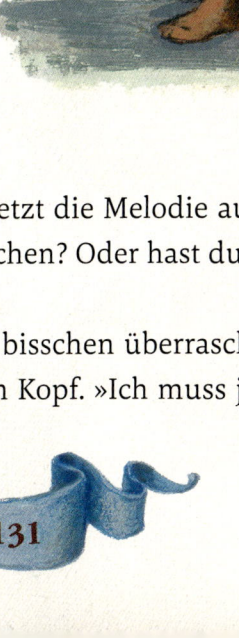

regieren, da hab ich eigentlich Zeit!«, sagte sie. »Ja, dann will ich es versuchen!«

Und Jabu überlegte, ob er vielleicht auch dem König vorschlagen sollte, dass der seiner Tochter dabei helfen könnte, schließlich konnte sie ihm die Melodie doch beibringen. Er wusste genau, dass seine Mutter, die Gute Königin, es wenigstens versucht hätte. Aber irgendwie hatte er das Gefühl, der Vater der Prinzessin würde es keine gute Idee finden, durchs Land zu ziehen mit einem Lied. Der fand bestimmt, ein König müsste immer nur auf seinem Thron sitzen und regieren. Obwohl er natürlich nett zu ihnen gewesen war.

»Dann gehen wir jetzt mal!«, sagte Alva. »Auf Wiedersehen, fröhliche Prinzessin! Es war schön, dich kennenzulernen!«

»Das finde ich auch!«, sagte Jabu.

»Ihr werdet immer meine allerbesten Freunde sein!«, rief die Prinzessin. »Danke, dass ihr mich aus meiner Traurigkeit erlöst habt! Und wenn es irgendwann irgendetwas gibt, das ich für euch tun kann, dann müsst ihr nur Bescheid sagen!«

Da rissen die Diener schon die beiden Flügel der Thronsaaltür auf und Jabu und Alva machten sich eilig auf den Weg aus dem Schloss, sogar ohne sich noch einmal umzusehen, muss ich leider sagen. Und wenn es dir nicht aufgefallen sein sollte, dann sage ich es dir: Vom König verabschiedet hatten sie sich beide nicht, das finde ich eigentlich ein bisschen unhöflich. Aber immer an alles denken und alles richtig machen kann ja kein Mensch. Darum ist es irgendwie doch nicht so schlimm.

28. Kapitel

in dem eine sehr merkwürdige Gärtnerin den Kindern einen Tipp gibt

Kaum waren Jabu und Alva zum doppelflügeligen Palasttor hinaus, da näherte sich ihnen schon eine Gärtnerin im erdverschmierten Overall und mit einem Grubber in der Hand, die lief gebeugt rückwärts vor ihnen her und verneigte sich dabei immer wieder tief; und du weißt natürlich, wer das war.

»Verzeiht, edle Kinder, dass ich euch anspreche!«, sagte sie in demütigem Ton. »Aber ich habe eben den Ausrufer gehört, und da dachte ich ...«

»Ja?«, rief Jabu, und »Was dachtest du?«, fragte Alva.

»Hat der Ausrufer nicht verkündet, dass ihr nach eurem Hoffnungsvogel sucht?«, fragte die Gärtnerin. »Nach dem Hoffnungsvogel, mit dem die schändliche Räuberbande die Prinzessin aus ihrer Traurigkeit erlösen wollte und der dann doch nicht gesungen hat? Vielleicht kann ich euch helfen, ihn zu finden!« Und sie guckte immer noch so unterwürfig aus den Augenwinkeln zu ihnen nach oben, aber wenn man genauer hinsah, bemerkte man vielleicht, dass ihr Blick in Wirklichkeit ganz schön verschlagen war. »Nur, wenn ihr das auch wollt, selbstverständlich!«

»Wenn wir wollen?«, rief Alva. »Natürlich wollen wir! Wo ist er denn?«

Jetzt richtete die Gärtnerin sich auf. »Mit Gewissheit weiß ich

es natürlich nicht!«, sagte sie eifrig. »Aber wenn *ich* nach ihm suchen sollte ...«

»Ja?«, fragte Jabu aufgeregt.

»Nun, niemand von uns hat den bunten Vogel am Himmel gesehen, nachdem die Räuberbande sich aus dem Staub gemacht hatte!«, sagte die Gärtnerin. »Darum glauben wir alle, dass euer Hoffnungsvogel noch immer bei ihnen im Käfig sitzt, mit dem Kopf unter seinem Flügel.«

»Wenn er noch immer bei ihnen ist, dann müssen wir eben die Räuberbande finden!«, sagte Alva energisch. Hatte sie denn gar keine Angst vor solch finsteren Gesellen und Gesellinnen?

»Wohin sie gezogen sind, kannst du uns nicht vielleicht sagen?«, fragte Jabu. Er hatte also auch keine Angst! »Dann folgen wir ihnen einfach. Vielleicht geben sie ihn uns ja heraus!«

»Doch, doch, wohin sie wollten, das weiß ich!«, rief die Gärtnerin, und die Kinder merkten gar nicht, wie sehr die Frau sich

freute, dass sie von alleine auf die Idee gekommen waren, der Räuberbande zu folgen. »Ich habe ganz zufällig gehört, wie ihr Hauptmann gesagt hat, dass sie in die Räuberhöhle jenseits der Dunkelschlucht ziehen wollen, und darum ...«

»Aber sie sind doch über das Meer in dieses Land gekommen!«, rief Alva. »Wieso haben sie denn bei euch jenseits der Dunkelschlucht eine Höhle?«

Da lachte die Gärtnerin. »Du glaubst doch nicht, dass Räuber sich damit zufriedengeben, nur in einem Land zu rauben!«, rief sie. »Räuber rauben überall, und überall haben sie darum auch ihre Höhlen!«

»Ach so!«, sagte Alva, und Jabu nickte auch. Mit Räubern kannten sie sich nicht so gut aus, schließlich hatte es im Glücklichen Land keine gegeben, solange es noch glücklich gewesen war.

»Und zu dieser Höhle sind sie aufgebrochen, in den Wildwuchernden Wald«, sagte die Gärtnerin eifrig. »Da müsst ihr ein-

fach nur hier entlang und durch die Dunkelschlucht!« Und sie zeigte mit ihrem Finger auf ein Gittertor in der Mauer.

»Durch die Dunkelschlucht?«, fragte Jabu erschrocken. Jetzt bekam er wohl doch ein bisschen Angst. Und ich finde auch, das klingt nicht gut.

»Einen anderen Weg gibt es leider nicht!«, sagte die Gärtnerin und zuckte die Achseln.

»Ach, komm, Jabu!«, sagte Alva. »Wir haben das Meer in einem lecken Kahn überquert und uns aus der Gefangenschaft der Fischerinnen und Fischer befreit; wir haben die Schlossmauer überwunden und die traurige Prinzessin getröstet: Glaubst du nicht, dass wir da auch heil auf die andere Seite der Dunkelschlucht gelangen werden?«

»Doch, schon«, murmelte Jabu. Aber so richtig begeistert klang er nicht.

»Dann ist dieses Tor in der Mauer das richtige für euch!«, sagte die Gärtnerin eilfertig und riss es zuvorkommend auf. »Durch dieses Tor ist auch die Räuberbande verschwunden. Und dieser Weg hier führt euch direkt zur Dunkelschlucht. Bitte sehr! Eine gute Reise! Und viel Erfolg bei eurer Suche!«

»Vielen Dank, du hast uns sehr geholfen!«, sagte Jabu höflich. Und übrigens verstehst du jetzt auch, warum die beiden gar keinen Baum mehr brauchten, um zurück über die Mauer und heraus aus dem Schlosspark zu klettern. Sie konnten ihn ja nun ganz einfach durch das Tor verlassen.

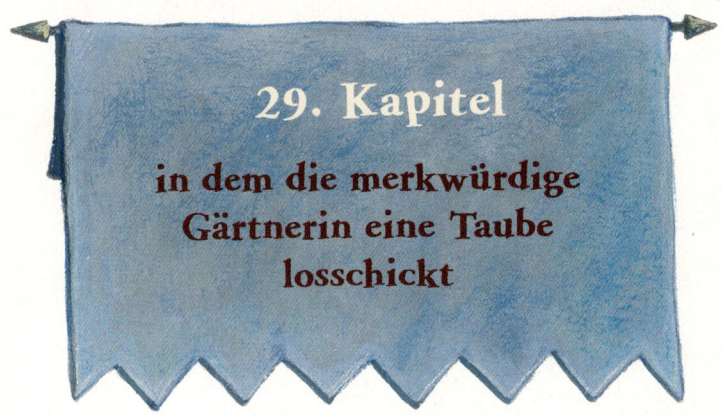

29. Kapitel

in dem die merkwürdige Gärtnerin eine Taube losschickt

Draußen fielen die beiden Kinder sofort in einen Trott, und wieder drehten sie sich nicht noch einmal um; und das war diesmal nicht ganz so schlau, fürchte ich. Denn sonst hätten sie durch die Gitterstäbe des Tores einen Blick auf die Gärtnerin erhaschen können, die gerade eine Taube mit einem zusammengerollten Zettel losschickte; und dann hätten sie doch bestimmt den Vogel, der wenig später über ihre Köpfe hinweg zielstrebig in Richtung Dunkelschlucht flog, verdächtig gefunden, und sie wären vorsichtiger gewesen. Aber so beachteten sie die Taube nicht einmal.

Und das war gar nicht gut. Denn du ahnst natürlich längst, dass die unterwürfige und hilfsbereite Gärtnerin in Wirklichkeit überhaupt nicht so unterwürfig und hilfsbereit war; in Wirklichkeit war sie ein Spitzel der Räuberbande, und der Räuberhauptmann hatte ihr noch eilig eins von seinen frisch geraubten Goldstücken zugesteckt, als er mit seiner Bande aus dem Schlosspark geflohen war.

»Leg dich auf die Lauer und spioniere den König und die Prinzessin aus!«, hatte er gerufen. »Tag und Nacht! Und wenn du dann weißt, wie wir doch noch die Hand der Prinzessin und das ganze Königreich gewinnen können, mache ich dich zu einer reichen Frau! Schick uns diese Taube, sie wird uns deine Nachricht bringen.

Dafür bekommst du einen ganzen Koffer voller Gold!« Und damit hatte der Räuberhauptmann der verblüfften Gärtnerin eine Taube überreicht und war mit seiner Bande aus dem Tor gestürmt.

Seitdem hatte die goldgierige Gärtnerin die Prinzessin bespitzelt, wann immer es möglich war, und den König auch; aber eine Idee, wie die Räuber doch noch das Königreich erringen konnten, wollte ihr einfach nicht einfallen. Darum hatte sie fast schon alle Hoffnung auf den Koffer voller Gold aufgegeben.

Und dann hatten diese schrecklichen Kinder die Prinzessin auch noch aus ihrer Traurigkeit erlöst! Da gab es für die Spionin ja wohl gar keine Möglichkeit mehr, reich zu werden!

Aber danach war sie Alva, Jabu und der Prinzessin hinterhergeschlichen und hatte hinter dem Rhododendron versteckt gelauscht; und so hatte sie den Ausruf des Königs gehört, als die Kinder im Thronsaal mit ihm geredet hatten. Du erinnerst dich doch noch? »Von königlichem Geblüt?«, hatte der König gerufen. »Du bist von königlichem Geblüt?« Und da hatte die Gärtnerin auf einen Schlag gewusst, was sie tun konnte, um doch noch ihren Koffer voller Gold zu bekommen, das wirst du gleich merken.

Darum hatte sie den Kindern auch heimtückisch im Schlosspark aufgelauert und ihnen den Weg zum Wildwuchernden Wald gewiesen. Und jetzt hatte sie also auch noch die Taube zu den Räubern geschickt mit einer Nachricht! Du weißt ja, Tauben fliegen von überall her immer zu ihrem eigenen Taubenschlag zurück. Und das Zuhause dieser Taube war natürlich die Räuberhöhle im Wildwuchernden Wald. Aber einen Fehler hatte die Gärtnerin bei ihrer Nachricht gemacht, warte mal ab.

30. Kapitel

in dem es in der Dunkelschlucht ziemlich gefährlich wird

Die Schatten wurden länger und die Dämmerung fiel, als die Kinder sich endlich der Dunkelschlucht näherten. Schroffe Felsen wuchsen enger und enger zusammen, und nur hier und da war es einer tapferen Kiefer gelungen, auf einem winzigen Felsvorsprung ihre Wurzeln in ein kärgliches bisschen Erde zu krallen; sonst gab es kein Leben in der Dunkelschlucht, kein Vogelgezwitscher und nicht mal das Getrippel von kleinen Pfoten auf ihrem Grund. Und war das Licht an ihrem Eingang schon grau und müde gewesen, so wurde es noch schwächer und schwächer, während Alva und Jabu sich tiefer in die Schlucht hineinwagten, wo der Ausschnitt des Himmels über ihren Köpfen allmählich immer schmaler wurde, bis er beinah ganz verschwand, und die Felsen in der Höhe fast gegeneinanderstießen.

»So dunkel!«, murmelte Jabu. »Es ist wirklich ziemlich dunkel hier, Alva!«

»Was hast du denn gedacht, woher die Dunkelschlucht ihren Namen hat?«, fragte Alva unfreundlich.

Und das war ja nun auch wieder wahr.

»Aber endlos kann sie doch nicht sein«, sagte Jabu trotzig, um sich selbst ein bisschen aufzumuntern und Alva auch; und er sah den Weg entlang, der noch vor ihnen lag und sich in der Dämme-

rung verlor, ohne dass an seinem Ende auch nur das winzigste Licht zu sehen gewesen wäre. »Irgendwann muss es auch hier wieder hell werden. Komm, ich spiele unsere Melodie!«

Und dabei zog er schon die Mundharmonika aus der Tasche und wollte sie gerade an seine Lippen setzen, da ertönte vor ihnen ein wütendes Gebrüll.

»Auf sie!«, brüllte eine raue Männerstimme, und der Schrei hallte von den Felswänden der Schlucht zurück wie ein Echo, hin und her: »Auf sie, auf sie, auf sie!«, bis er schließlich nur noch ein Wispern war und erstarb.

Aber »Johoho!«, antworteten so viele andere Stimmen, dass man hätte glauben können, es wären hundert, und weil das Echo wieder Pingpong spielte, klang es sogar wie tausend.

Und dann tauchte aus der Dunkelheit auch schon eine Bande düsterer Gesellen auf, die stürzten sich grölend auf die beiden Kinder, und danach ging alles ganz schnell. Denn wenn eine ganze Räuberbande aus dem Hinterhalt zwei ahnungslose unbewaffnete Kinder überfällt, dann dauert der Kampf nicht lange. Und dass es die gemeine Räuberbande war, die gerade die Kinder überfiel, das hast du natürlich längst verstanden.

Darum schlug Jabu um sich wie ein Boxer und trat nach jedem Bein, das er erwischen konnte; und zwischendurch dachte er zornig an das Schwert, das seine Mutter ihm nicht hatte mitgeben wollen und die Leuchtturmwärterin auch nicht. Jetzt hätte er es doch wirklich brauchen können!

»Wir haben sie!«, brüllte wieder dieselbe Stimme, die schon den Befehl gegeben hatte, die Kinder zu überfallen, da konnte das ja nur der Hauptmann sein. Und weil das Echo seinen Ruf auch diesmal wieder hin und her durch die Schlucht jagte, konnte man seinen nächsten Satz kaum verstehen. »Auf zu unserer Höhle!«

Und ohne zu zögern, machten die Räuber sich eilig auf den Weg aus der Schlucht. Da fand Jabu sich plötzlich ganz alleine zwischen den Felsen.

Mich habt ihr nicht!, dachte er im ersten Augenblick triumphierend. Ha!, mich habt ihr nicht gefangen nehmen können, ihr heimtückischen, gemeinen Kerle! Ich bin immer noch frei!

Aber dann zuckte er zusammen. Denn als vor ihm in der Dunkelheit nun wirklich die ganze Räuberbande grölend und johlend durch die finstere Schlucht zum Wildwuchernden Wald zog; und als sich niemand nach ihm umdrehte und niemand versuchte, ihn doch noch gefangen zu nehmen, da fragte er sich plötzlich: Hatten sie denn gar nicht gemerkt, dass sie ihn nicht erwischt hatten? Konnte das sein?

»Alva?«, rief Jabu.

Denn dass die Räuber Alva gefesselt in ihrer Mitte führten, konnte er gerade noch sehen.

»Das verstehe ich nicht!«, murmelte Jabu. Und erst jetzt wurde ihm plötzlich bewusst, dass er auch gar nicht wirklich hatte kämpfen müssen! So viele Räuberinnen und Räuber – und er nur ein Junge ohne Waffen! Natürlich hatte er geboxt und getreten, aber er hätte sich doch niemals gegen so eine Übermacht verteidigen können, hätten sie es wirklich auf ihn abgesehen gehabt. War das nicht merkwürdig? War das nicht sehr, sehr merkwürdig? Wenn er es recht bedachte, hatte eigentlich niemand ernsthaft versucht, ihn zu packen, wie sie das mit Alva gemacht hatten.

Wollten sie mich denn gar nicht?, fragte er sich. Wollten sie nur Alva? Aber warum?

Hast du vielleicht schon eine Ahnung? Du merkst ja: Jabu jedenfalls hatte die nicht.

»Ich weiß sowieso nicht, warum sie ausgerechnet uns über-

fallen haben!«, murmelte er nachdenklich und lehnte sich gegen die Felsenwand. »Wir sind doch nur zwei Kinder und wir tragen keine Schätze mit uns, die sie rauben könnten! Vielleicht ist der Überfall einfach nur ein Irrtum gewesen?« Aber das glaubte er eigentlich nicht. So dumm sind selbst die dümmsten Räuber nicht.

Vor ihm wurde der Stimmenlärm allmählich schwächer und schwächer, und darum wagte Jabu nun auch, der Bande zu folgen. Der Abstand war inzwischen ja groß genug. Und Alva war in ihren Händen! Die musste er doch befreien!

Der Freundliche Prinz hätte gerne auf seiner Mundharmonika gespielt, um sich zu trösten und sich Mut zu machen, wie er nun so ganz alleine durch die Dunkelheit wanderte, aber wer wusste denn, ob die Räuber sein Lied nicht gehört hätten? Und wenn sie ihn eben im Herzen der Schlucht nicht gefangen genommen hatten, dann wollte er nicht so dumm sein, sich jetzt vielleicht doch noch erwischen zu lassen.

31. Kapitel

in dem Jabu im Wildwuchernden Wald Alva bei den Räubern entdeckt

Als er endlich den Ausgang der Schlucht erreichte, hatte sich längst Dunkelheit über das Land gelegt, und Bäume und Sträucher waren nur noch schwarze Schatten vor einem grauschwarzen Himmel. Nur ganz entfernt hörte Jabu vor sich noch das Grölen der Räuber, aber gerade noch laut genug, um ihren Stimmen folgen zu können.

Und war es auf dem Weg durch die Schlucht schon dunkel und unheimlich gewesen, so wurde es noch dunkler und unheimlicher, als er schließlich den Wildwuchernden Wald erreichte. Denn hier wuchsen die Bäume so dicht, dass ihre Kronen sogar das Mondlicht aussperrten, das Jabu draußen auf dem Weg noch ein bisschen Mut geschenkt hatte. Und er konnte sich nicht mal mit seiner Mundharmonika trösten!

Aber Jabu wusste, dass er darüber nicht nachdenken durfte. Denn wenn man zu lange über eine Angst nachgrübelt, dann wird sie mit jeder Minute größer und größer, das weißt du bestimmt auch; und egal, wie groß seine Angst auch jetzt schon war, Jabu durfte sich ihr nicht unterwerfen. Alva war immer noch in den Händen der Räuber, und wenn er sie befreien wollte, war es besser, er machte sich gleich entschlossen auf den Weg. Wenn etwas getan werden muss, dann muss es getan werden; egal, wie groß die Angst auch ist.

Und da sah er vor sich auch schon den Schein eines Feuers! Das war natürlich das Feuer der Räuberbande, ganz klar, aber obwohl Jabu das natürlich wusste, fühlte er sich von seinem Licht doch ein kleines bisschen getröstet. Denn das Feuer der Räuber flackerte so fröhlich und knisterte so laut, wie alle Feuer das nun mal tun, wenn das brennende Holz zerbirst, und die Funken sprühten hoch in den Himmel. Da ließ Jabu sich hinter einer Eiche auf die Knie fallen, weil ihr dicker Stamm ihn nämlich vor allen Blicken verbarg, und hielt Ausschau nach Alva.

Erst jetzt, als er im flackernden Schein des Feuers die Bande zum ersten Mal so richtig gut sehen konnte, wurde Jabu klar, dass es überhaupt nur zehn Räuber und Räuberinnen waren und keineswegs hundert oder sogar tausend, wie er in der Schlucht geglaubt hatte. Und auch wenn zehn für einen Jungen alleine und ohne Waffen natürlich immer noch ein paar zu viel sind, schrumpfte doch seine Angst, und er spürte wieder ein kleines bisschen Hoffnung.

Die Räuberbande hockte um ihr Lagerfeuer auf dem Boden und ließ einen irdenen Krug voll Branntwein zwischen sich kreisen. Alle zehn hielten Hähnchenkeulen oder Schweinshaxen in den Händen, von denen tropfte das Fett nur so auf den Waldboden, wenn sie mit ihren Räuberzähnen wild große Stücke davon abrissen. Besonders gute Tischmanieren hatten sie also nicht. Und bestimmt hatten sie die Hähnchen und Schweine auch irgendeinem armen Bauern geklaut, woher sollten sie die denn sonst wohl haben? Einen Hühnerstall oder einen Schweinepferch konnte Jabu jedenfalls nirgendwo entdecken.

Und Alva entdeckte er auch nicht.

Aber vom Lagerfeuer beleuchtet sah er nun wenigstens den Eingang einer Höhle, und da war es ja klar, wo sie Alva hingebracht hatten.

Leise, ganz leise schlich Jabu also auf die Höhle zu, und nur wenn ein trockener, kleiner Zweig unter seinen Füßen knackte, blieb er erschrocken einen winzigen Augenblick stehen. Aber die Räuber kümmerten sich zum Glück gerade nur um ihr Essen, und mit vollem Mund redeten sie laut durcheinander; da musste der Freundliche Prinz sich keine großen Sorgen machen, dass sie ihn bemerken würden.

»Welche Prinzessin du heiratest, ist doch eigentlich piepegal, Hauptmann!«, brüllte eine Räuberin und schleuderte eine ab-

genagte Schweinshaxe über ihre Schulter in den Wald, wo sie Jabu fast am Kopf getroffen hätte. Dann schnappte sie sich schon die nächste. »Jetzt wird eben die Prinzessin aus dem Glücklichen Land deine Frau, und das Glückliche Land wird dein Königreich, johoho!«

»Da wird die Königin staunen!«, brüllte ein anderer, der war kaum zu verstehen, weil sein Mund so voller Hähnchenfleisch war und er gleichzeitig zu kauen und zu sprechen versuchte.

»Hat die Königin im Glücklichen Land nicht einen Sohn?«, fragte verwirrt ein Dritter, der hatte vielleicht noch nicht so viel Branntwein getrunken wie die anderen. »Wieso hat sie denn plötzlich eine Tochter?«

»Hast du denn nicht gehört? Das Mädchen ist von königlichem Geblüt!«, rief die Nächste und nahm einen großen Schluck Branntwein. Dann rülpste sie so laut, dass es durch den ganzen Wald dröhnte und Jabu vor Schreck fast weggerannt wäre. »Das hat doch der König gesagt! Glaubst du, der König lügt? Sie ist von königlichem Geblüt! Dabei sieht sie wirklich nicht so aus, was, Leute?«

Und jetzt weißt du natürlich auch, wo die goldgierige Gärtnerin sich getäuscht hatte.

»Wie klug, dass du der Gärtnerin unsere Taube gegeben hast, Hauptmann!«, sagte ein Fünfter. Der nagte noch immer an seiner ersten Keule. »Nur deswegen konnte sie uns so schnell die Nachricht schicken! Sonst hätten wir doch nicht geahnt, dass die beiden durch die Dunkelschlucht kommen, und wir hätten ihnen niemals so einfach auflauern können! Und dass das Mädchen eine Prinzessin ist, hätten wir erst recht nicht gewusst!«

Jetzt ging Jabu ein Licht auf, und er verstand. Ach, hätten sie sich doch nur noch einmal umgedreht, Alva und er, als sie den Schlosspark durch das Tor verlassen hatten! Aber nun war es eben passiert und sie waren den Räubern in die Falle gegangen.

»Das Mädchen soll gefälligst endlich aufhören zu singen!«, rief ein Sechster böse. »Haben wir ihr das erlaubt? Mir wird ja ganz komisch, wenn ich ihren Gesang anhören muss!«

Und auch Jabu hörte nun das Lied der Leuchtturmwärterin, das kam aus der Höhle; und natürlich wusste er inzwischen auch – genau wie du! –, warum die Kerle nur Alva gewollt hatten und nicht ihn. Die Gärtnerin hatte den Ausruf des Königs missverstanden und geglaubt, dass es Alva war, in deren Adern königliches Blut floss. Darum saß Alva nun gefangen in der Höhle und nicht er. Und das durfte doch nicht sein!

32. Kapitel
in dem Jabu und Alva einen Plan machen

Darum schlich Jabu mäuseleise weiter, bis er den Eingang der Höhle erreicht hatte. Nun musste er Alva doch erst recht befreien!

Im schwachen Schein einer Öllampe hockte die Tochter der Leuchtturmwärterin drinnen auf dem Boden der Höhle und sang mit lauter Stimme ihr Trostlied. Und neben ihr, in einem schäbigen, alten Käfig, saß auf einer Stange der Hoffnungsvogel, der sah immer noch müde und traurig aus, aber seinen Kopf hatte er schon unter dem Flügel herausgezogen, als wollte er bald einstimmen in Alvas Gesang.

Der hörte allerdings auf einen Schlag auf.

»Jabu!«, flüsterte Alva. »Oh, Jabu, ich hatte mich schon gefragt, wo du bleibst!«

»Pssst, sing lieber weiter!«, flüsterte Jabu erschrocken. »Damit den Kerlen nichts auffällt und sie womöglich kommen, um nachzusehen, warum du plötzlich still bist!«

Da riss Alva erschrocken die Augen auf und sang trotzdem weiter. Und dabei sah sie ihn erwartungsvoll an.

»Ich weiß, warum sie dich gefangen genommen haben, und nicht mich!«, sagte Jabu leise. »Es tut mir so leid, Alva! Sie glauben, du bist die Prinzessin im Glücklichen Land!«

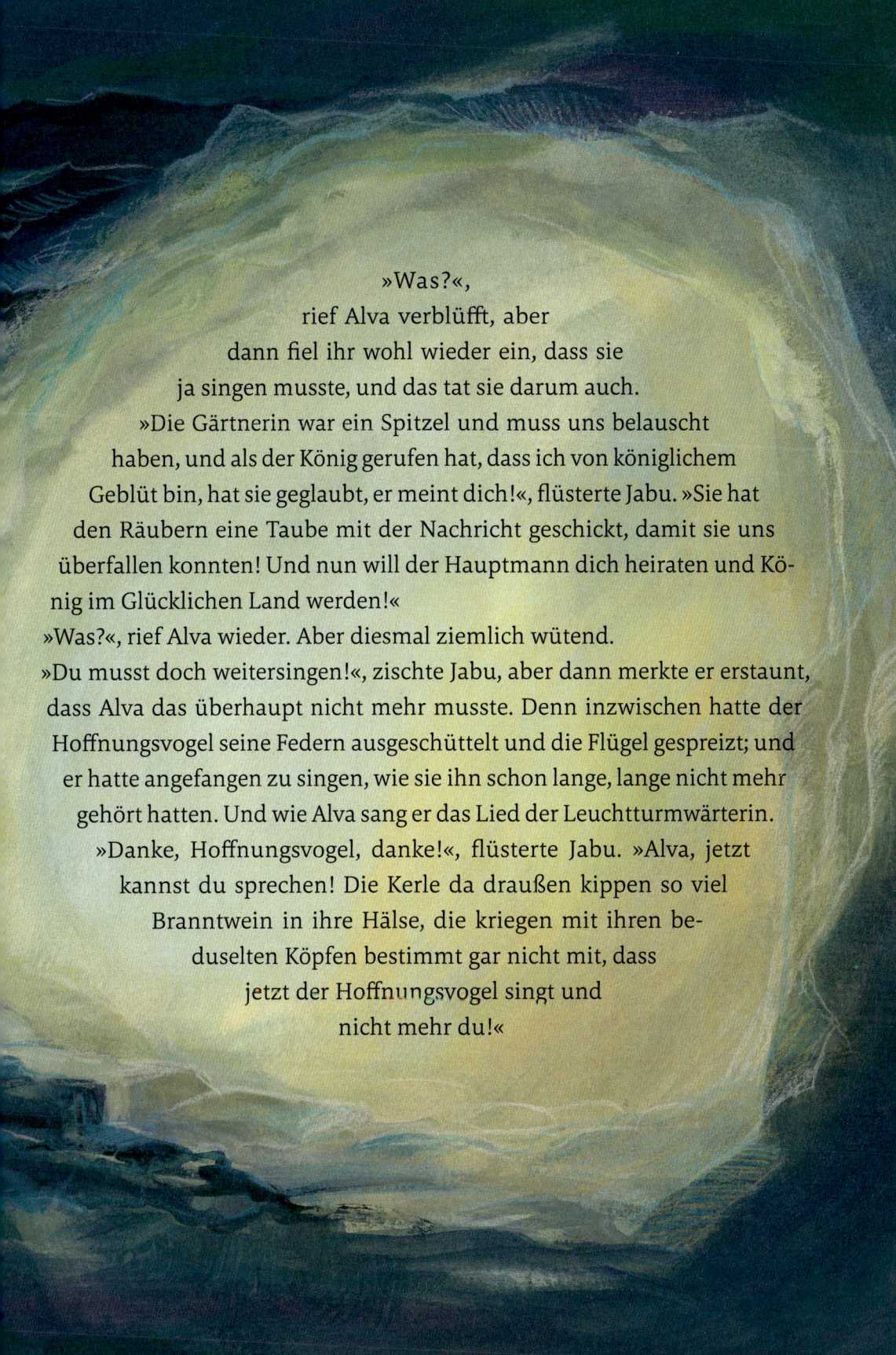

»Was?«,
rief Alva verblüfft, aber
dann fiel ihr wohl wieder ein, dass sie
ja singen musste, und das tat sie darum auch.
»Die Gärtnerin war ein Spitzel und muss uns belauscht
haben, und als der König gerufen hat, dass ich von königlichem
Geblüt bin, hat sie geglaubt, er meint dich!«, flüsterte Jabu. »Sie hat
den Räubern eine Taube mit der Nachricht geschickt, damit sie uns
überfallen konnten! Und nun will der Hauptmann dich heiraten und König im Glücklichen Land werden!«
»Was?«, rief Alva wieder. Aber diesmal ziemlich wütend.
»Du musst doch weitersingen!«, zischte Jabu, aber dann merkte er erstaunt,
dass Alva das überhaupt nicht mehr musste. Denn inzwischen hatte der
Hoffnungsvogel seine Federn ausgeschüttelt und die Flügel gespreizt; und
er hatte angefangen zu singen, wie sie ihn schon lange, lange nicht mehr
gehört hatten. Und wie Alva sang er das Lied der Leuchtturmwärterin.
»Danke, Hoffnungsvogel, danke!«, flüsterte Jabu. »Alva, jetzt
kannst du sprechen! Die Kerle da draußen kippen so viel
Branntwein in ihre Hälse, die kriegen mit ihren be-
duselten Köpfen bestimmt gar nicht mit, dass
jetzt der Hoffnungsvogel singt und
nicht mehr du!«

»Unser Hoffnungsvogel!«, flüsterte Alva, und einen Augenblick vergaßen sie bei seinem wunderschönen Gesang beide beinahe, wo sie gerade waren und in welcher Gefahr. »Aber den Räuberhauptmann heirate ich nicht! Das soll der mal ganz schnell vergessen!«

»Natürlich heiratest du den nicht!«, sagte Jabu empört. »Weil ich dich jetzt nämlich befreie!« Und er schnappte sich die Scherbe von einer Branntweinflasche, von denen es auf dem Höhlenboden reichlich gab, und wollte damit Alvas Fesseln durchtrennen. Ein Messer hatte er ja nicht.

Aber auch ein Messer hätte ihm nichts genützt. Denn Alva schüttelte nur enttäuscht den Kopf und zeigte ihm ihre Hände; und da hätte Jabu gar nicht weiter hingucken müssen: Er erkannte schon an dem lauten Rasseln, dass Alva nicht nur mit einer einfachen Schnur, sondern mit einer schweren, eisernen Kette an der Wand der Höhle angekettet war.

»Oh nein, diese Saubande!«, rief Jabu. Zum Glück stieß der Hoffnungsvogel da gerade so einen lauten Triller aus, dass draußen bestimmt niemand seinen Ausruf gehört hatte. »Haben sie dir wenigstens zu essen gegeben?« Denn gerade knurrte Alvas Magen laut wie ein Bär oder mindestens wie ein Wachhund, und er dachte an all die Hähnchenkeulen und Schweinshaxen am Lagerfeuer, da hätten die Räuber doch wenigstens eine für Alva aufheben können.

Aber Alva schüttelte düster den Kopf. Vielleicht dachte sie gerade, dass sie sich jetzt sogar über die Oliven und den eingelegten Knoblauch vom königlichen Servierwagen gefreut hätte? Na, nun war es zu spät.

Jabu lehnte sich neben ihr gegen die Wand der Höhle. »Was soll ich denn tun, wenn ich dich nicht befreien kann?«, fragte er verzweifelt. »Ich kann dich doch nicht einfach in der Gewalt dieser grässlichen Räuber lassen!«

Aber Alva kniff nur einen Augenblick die Augen zusammen, und dann lächelte sie sogar.

»Wenn stimmt, was du gehört hast, werden sie mir ja nichts tun!«, sagte sie. »Wenn der Hauptmann mich doch heiraten will!« Und bei dem Gedanken schüttelte sie sich so, dass ihre Ketten wieder rasselten.

»Und wenn sie nach der Hochzeit auch das ganze Königreich und alle Schätze gewinnen wollen, müssen sie mich zurück ins Glückliche Land bringen, Jabu!«, flüsterte Alva aufgeregt. »Verstehst du denn nicht? Darum musst du vor ihnen da sein und deine Mutter und alle anderen warnen, dass die Räuber kommen! Damit ihr vorbereitet seid und mich befreien könnt!«

»Du hast recht, Alva!«, flüsterte Jabu zurück. »Natürlich, du hast recht! Sie werden dir nichts tun, weil du ihnen dann nichts mehr nützt!« Und auf einen Schlag war er furchtbar erleichtert.

»Beeil dich, Jabu!«, flüsterte Alva, und immer noch sang der Hoffnungsvogel. »Wer weiß, wann die Bande aufbricht, und du musst doch unbedingt vor ihnen ankommen! Um mich mach dir keine Sorgen.«

Da stand Jabu auf und klopfte sich den Höhlenstaub von den Knien. »Bis bald, Alva!«, sagte er. »Verlass dich auf mich. Wir werden dich befreien!«

Dann schlich er still und leise aus der Höhle. Die grölende Meute saß noch immer um das Feuer, nur einige der Männer und Frauen hatten sich ausgestreckt und schnarchten laut. So unbemerkt, wie er sich angepirscht hatte, lief Jabu jetzt wieder zurück zur Dunkelschlucht. Und noch bis er zwischen die hohen Felswände trat, hörte er den Hoffnungsvogel singen.

33. Kapitel

in dem die Fischer sich bei Jabu entschuldigen

Auf dem Rückweg war Jabus Angst viel geringer als auf dem Hinweg zum Wildwuchernden Wald, obwohl er doch nun sogar ganz alleine war; aber er wusste ja, dass die Räuberbande hatte, was sie wollte, deshalb würden sie ihn wohl in Ruhe lassen. Außerdem würden sie nach ihrem Gelage und nachdem sie geschmatzt und geschlemmt hatten, bis sie nicht mehr konnten, bestimmt alle so tief und fest schlafen, dass ihm von ihnen keine Gefahr drohte.

Aber während er in einen leichten Trott fiel, weil er noch vor dem Morgenrot den Hafen erreichen wollte, grübelte Jabu die ganze Zeit, wie er das Versprechen einhalten konnte, das er Alva so leichtfertig gegeben hatte. Denn wie um Himmels willen sollte er ohne ein Schiff zurück ins Glückliche Land kommen? Die »Heldenhafte Helene« fiel doch auseinander!

Dann endlich entdeckte er in der heraufziehenden Morgendämmerung das Meer, und da zwang er sich, auch noch das letzte Stück Weges bis zum Hafen durchzuhalten. »Denn wenn ich gar nicht erst zum Hafen komme«, murmelte Jabu, »dann kann ich natürlich auch kein Schiff für die Überfahrt finden. Zum Hafen muss ich also, egal, wie müde ich bin!«

Und so erschöpft war er von dem langen Lauf, dass er sich, ohne weiter nachzudenken, gleich neben dem ersten Netzschuppen zu

Boden sinken ließ. Und noch ehe er seinen Kopf auf die zusammengerollte Jacke aus dem Kleiderschrank des Königs gebettet hatte, war er auch schon eingeschlafen.

Am Morgen, noch halb im Schlaf, sah Jabu über sich als Erstes das Gesicht einer Fischerin, die beugte sich behutsam zu ihm nach unten; und dass ihre Gestalt einen Schatten auf ihn geworfen hatte, war sicher auch der Grund dafür, dass er aufgewacht war.

»Hallo, Prinz aus dem Glücklichen Land!«, flüsterte die Fischerin, und jetzt rüttelte sie ihn sanft an der Schulter, damit er nicht wieder einschlief. »Wie schön, dass du zurück bist! Wir alle sind dir so dankbar!«

Verblüfft hörte Jabu da auch das zustimmende Gemurmel vieler Stimmen, und als er sich aufsetzte, sah er sich umgeben von Fischerinnen und Fischern, die klatschten und lachten und guckten überhaupt ganz anders als bei seiner und Alvas Ankunft vor zwei Abenden.

»Guten Morgen!«, flüsterte er vorsichtig, denn so richtig traute er diesen Leuten eigentlich nicht. Schließlich hatten sie ihn vor noch gar nicht langer Zeit zusammen mit Alva überfallen und eingesperrt.

»Ihr habt unsere Prinzessin aus ihrer Traurigkeit erlöst!«, rief nun ein Fischer, und wenn Jabu sich nicht täuschte, war das der Vater des Fischermädchens Cho, der in der Nacht nach ihr gesucht hatte. »Wir hoffen, ihr Kinder könnt uns verzeihen, dass wir euch verdächtigt haben, mit den Räubern im Bunde zu sein!«

»Ja, wir entschuldigen uns, wir entschuldigen uns!«, riefen jetzt auch alle anderen Fischerinnen und Fischer.

»Ach, das ist schon ganz in Ordnung!«, murmelte Jabu erstaunt, weil es ihm ein bisschen peinlich war, und ganz wach fühlte er sich auch noch nicht. »Konnte man ja auch leicht denken. Ist längst verziehen.«

»Aber wo ist denn Alva, das Mädchen, das bei dir war?«, fragte eine aufgeregte, helle Stimme, und das war natürlich Cho, die sich durch die Menge gedrängelt hatte und ihm ihre Hand reichte, um ihn auf die Füße zu ziehen. »Wo hat die sich denn versteckt?«

Da fiel Jabu mit einem Schlag alles wieder ein.

34. Kapitel

in dem die »Heldenhafte Helene« kaum wiederzuerkennen ist und Cho mit Jabu übers Meer fährt

»Die Räuber haben sie gefangen genommen!«, rief er. Und dann erzählte er den staunenden Menschen um sich herum die ganze Geschichte. Und während er sprach, wurde es stiller und stiller auf dem Kai.

»Ich hab ihr versprochen nach Hause zu fahren, um im Glücklichen Land alles dafür vorzubereiten, dass sie aus den Händen der Räuber befreit wird – aber das kann ich doch gar nicht!«, sagte er zum Schluss düster. »Die ›Heldenhafte Helene‹ hat doch schon die Überfahrt hierher kaum geschafft! Wie soll ich denn mit ihr wieder zurückkommen, so alt und rostzerfressen, wie sie ist?«

Da kam Leben in die Fischerinnen und Fischer und sie redeten alle durcheinander; und Cho zog Jabu sogar am Arm, um ihn den Kai entlang und zum Schiff des Kühnen Kapitäns zu führen.

»Das ist unser Dank!«, rief die Fischerin, die ihn eben auch geweckt hatte. »Sieh dir dein Schiff nur genau an, Prinz aus dem Glücklichen Land! Als wir gestern erfuhren, dass deine Gefährtin und du unsere Prinzessin aus ihrer Traurigkeit erlöst habt, haben wir sofort überlegt, wie wir uns bei euch bedanken und wie wir wiedergutmachen können, was wir bei eurer Ankunft angerichtet haben. Seitdem haben wir alle gemeinsam an eurem Schiff ge-

arbeitet und gerichtet, was zu richten war: Und nun sieh dir die ›Helene‹ nur an! So stattlich und stolz liegt sie wieder im Wasser, dass sie selbst die größten Ozeane leicht überqueren könnte. Und der Weg ins Glückliche Land ist ja nur kurz!«

»Ihr habt …?«, flüsterte Jabu. Denn vor ihm an der Pier schaukelte tatsächlich die »Heldenhafte Helene«, aber sie war kaum wiederzuerkennen mit der frischen Farbe auf ihrem von kundiger Hand geschweißten Rumpf. So neu und stolz sah sie aus, dass es keinen Zweifel gab: Mit diesem Schiff konnte man aufbrechen ins Abenteuer oder um die ganze Welt.

Aber das wollte Jabu gar nicht. Jabu wollte nur ins Glückliche Land.

Und dann bemerkte er noch etwas, und das war doch sonderbar. Er brauchte seine Jacke nicht mehr! War es denn wärmer geworden hier am Hafen im Land jenseits des Meeres, wenigstens ein bisschen? Waren die Herzen der Menschen etwa schon aufgetaut, so schnell?

Na, die der Fischer ohne jeden Zweifel, weil sie ihm doch so sehr geholfen hatten!

»Oh, ich danke euch, ich danke euch!«, rief der Freundliche Prinz. »Nun kann ich nach Hause fahren und meine Mutter, die Königin, warnen, und alle Menschen im Glücklichen Land werden uns helfen, die Tochter der Leuchtturmwärterin zu befreien!«

Aber dann fiel ihm auf einen Schlag wieder ein, wie sehr sich das Glückliche Land verändert hatte, seit das Lied des Hoffnungsvogels fehlte; und er schwieg erschrocken.

Denn selbst wenn er die Küste seiner Heimat nun erreichen konnte: Was sollte danach werden? Wer würde ihm helfen gegen die Räuberbande? Die Lastwagenfahrerin bestimmt, dachte Jabu, und natürlich die Leuchtturmwärterin und vielleicht sogar der

Kühne Kapitän; aber was war mit den anderen, die bei der Versammlung im königlichen Garten nur den Kirschkuchen in sich hineingestopft und seine Mutter, die Gute Königin, ausgelacht hatten? Warum sollten die sich auf einmal anders verhalten?

»Kannst du überhaupt ein Boot steuern?«, fragte Cho, die ja nichts von seinen Gedanken wusste; und da beschloss Jabu tapfer, dass jetzt nicht die Zeit war, um darüber nachzugrübeln, was später werden sollte. Jetzt war die Zeit aufzubrechen, dann würde sich alles andere später ergeben.

Denn das weißt du doch auch: Wenn eine Aufgabe vor dir liegt, die so gewaltig und so unbezwingbar erscheint wie der höchste Berg: Dann ist es immer am klügsten, einfach einen Schritt nach dem anderen zu tun. Wenn du nur den ersten kleinen Schritt schaffst, dann schaffst du danach bestimmt auch den nächsten: Und plötzlich bist du auf dem Gipfel angekommen.

Und so wollte Jabu es einfach auch machen.

Darum schüttelte er erst mal den Kopf, das sollte die Antwort auf Chos Frage sein, ob er denn alleine ein Schiff steuern könnte; und dann zuckte er auch noch die Achseln, weil er dachte, dass er ja auf der Hinfahrt auch am Ruder der »Helene« gestanden hatte: Vielleicht konnte er also doch ganz alleine über das Meer fahren?

»Dann komm ich mal lieber mit!«, sagte Cho da entschieden. »Wenn du nicht genau weißt, ob du es in deine Heimat schaffst! Es wäre schließlich schade, wenn wir dein stolzes Schiff ganz umsonst repariert hätten und du damit am Ende nicht im Glücklichen Land, sondern in der Südsee oder sonst wo ankommst!!«

Und wenn du jetzt glaubst, dass ihr Vater da sagte »Oh, nein, Cho, das kommt ja gar nicht infrage, wer weiß denn, was im Glücklichen Land für Gefahren auf dich lauern, wenn erst mal die Räuber angekommen sind, das ist viel zu gefährlich für dich!«, dann

hast du noch nicht verstanden, wie sehr sein Herz schon aufgetaut war.

Darum gab Chos Vater dem Fischermädchen auch einfach einen kleinen Kuss auf die Stirn. »Pass auf dich auf, meine Tochter!«, sagte er. »Sei vorsichtig! Ich vertraue dir!« Und dann gingen die beiden Kinder wirklich an Bord.

Die Schiffstaue waren schon gelöst und die »Helene« wollte gerade ablegen und den Hafen verlassen, da kam aus der kleinen Stadt plötzlich ein Mann angestürmt, der trug eine weiße Mütze auf dem Kopf und eine schon ein bisschen fleckige Schürze um den Bauch und eine Hose mit Pepita-Muster, und er brüllte aus voller Kehle.

»Halt, halt!«, brüllte der Mann, und das war übrigens der Bäcker, wenn du dir das noch nicht gedacht haben solltest. »Habt ihr denn überhaupt an euren Reiseproviant gedacht?« Und alle im Hafen sahen, dass er einen schweren Korb trug.

Da guckten Cho und Jabu einander an und schüttelten verdutzt ihre Köpfe; und als wollte er dem Bäcker eine Antwort geben, knurrte Jabus Bauch so laut, dass auf der Pier alle zusammenzuckten.

»Vielen Dank, lieber Bäcker!«, rief Cho und griff nach dem Korb. »Das hätte ja was werden können ohne Proviant! Nun wünscht uns alle eine gute Fahrt!«

Da schwenkten die Fischerinnen und Fischer ihre Taschentücher und riefen »Gute Fahrt!« und »Auf Wiedersehen!«; und mit einem freundlichen gleichmäßigen Brummen ihrer Maschine löste die »Helene« sich von der Pier und fuhr mutig hinaus auf das Meer.

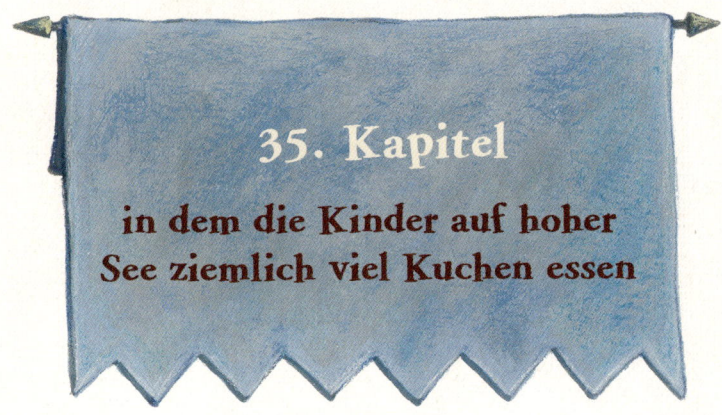

35. Kapitel

in dem die Kinder auf hoher See ziemlich viel Kuchen essen

Die See lag ruhig unter einem wolkenlos blauen Himmel, und so zügig teilte der Kahn des Kühnen Kapitäns die Wellen, dass die Kinder am Horizont schon bald die Küste des Glücklichen Landes erkannten.

Aber je näher sie seiner Heimat kamen, desto größer wurde Jabus Sorge.

»Denn siehst du, Cho,« sagte er, während sie auf zwei aufgerollten Schiffstauen saßen und sich den Proviant des Bäckers schmecken ließen, duftendes Brot und saftige Kuchen, »ich weiß doch eigentlich gar nicht, wie wir die Räuber besiegen sollen!«

Cho guckte ihn erstaunt an und schluckte. »Das ist doch kein Problem!«, sagte sie, bevor sie wieder von ihrer Plundertasche abbiss. »Die Räuber sind zehn Männer und Frauen: Und wie viele Menschen seid ihr im Glücklichen Land? Da sollte es doch ein Leichtes sein, sie zu überwältigen und die Tochter der Leuchtturmwärterin aus ihren Händen zu befreien!«

Jabu schüttelte müde den Kopf. »Hast du vergessen, was Alva und ich dir am Abend im Netzschuppen erzählt haben?«, fragte er düster. »Dass das Glückliche Land seinen Namen schon längst nicht mehr verdient, weil die Menschen nicht nur unglücklich, sondern sogar boshaft geworden sind, und dass wir auf ihre Hilfs-

bereitschaft nicht setzen können? Erinnere dich doch daran, was wir dir von der Versammlung im königlichen Garten berichtet haben!«

»Hm«, murmelte Cho.

»Warum sollten sie nun also plötzlich ihr eigenes Leben in Gefahr bringen im Kampf gegen die Räuber, nur um Alva zu befreien?«, fragte Jabu. »Im Glücklichen Land denkt doch jetzt jeder nur noch an sich selbst, so war es bei euch im Land doch auch!«

Cho nickte. »Aber dann haben wir euer Schiff repariert!«, sagte sie plötzlich begeistert. »Verstehst du? Menschen können sich ändern!«

Nun war es Jabu, der »Hm!« murmelte.

Weil er nämlich wirklich nicht wusste, wie das im Glücklichen Land passieren sollte. Warum sollten die Menschen dort plötzlich wieder sein wie früher? Wenn seine Mutter, die Königin, ihre Untertanen bat, ihr im Kampf gegen die Räuber zu helfen, würden die Bäcker und der Nachtwächter und die Tischlerin und die Fischerinnen und überhaupt alle doch bestimmt nur wieder sagen, die Königin hätte ihnen gar nichts vorzuschreiben und sollte sich nur nicht so aufspielen. Sie hatten schließlich auch nicht dabei helfen wollen, den Hoffnungsvogel zu finden, und hatten sie nur ausgelacht.

»Kommt Zeit, kommt Rat!«, sagte Cho entschlossen. »Das sagt meine Großmutter immer, und die hat meistens recht.«

Und das hatte Alva ja auch schon gesagt, und außerdem ist es eigentlich, wenn man es genau überlegt, doch ziemlich genau das Gleiche wie der Ratschlag, zuerst den ersten kleinen Schritt zu wagen, weil die anderen dann hinterher auch schon klappen werden.

Darum nickte Jabu nachdenklich und nahm sich noch ein allerletztes Stück Marmorkuchen, weil danach bestimmt auch nicht das kleinste Bisschen mehr in seinen Bauch passen würde.

»Jetzt ist es auch egal!«, murmelte er. »Wir sind nämlich schon fast im Glücklichen Land angekommen!«

Und das stimmte wirklich.

Und weil die »Heldenhafte Helene« doch nun so wunderbar neu und glänzend war, musste sie ja auch nicht mehr aufgebockt auf dem Trockenen liegen wie vor ihrer Reise, weil sie da sonst im Wasser auseinandergefallen wäre; bei ihrer Heimkehr legten die Kinder mit dem Schiff einfach an der Pier an und Cho machte es zwischen den vielen Fischerbooten fest mit mehreren sicheren Seemannsknoten.

»Dann aber mal los!«, sagte sie, und bei ihrer Zuversicht wurde es Jabu ganz warm. »Als Erstes zu deiner Mutter!«

36. Kapitel

in dem auch der Kühne Kapitän wieder auftaucht

Kaum hatten die beiden Kinder das quietschende Gartentor geöffnet, da wurde auch schon die Tür der königlichen Kate aufgerissen, und da stand Jabus Mutter, die Gute Königin, und breitete ihre Arme aus.

»Jabu, mein Sohn!«, rief sie glücklich. »Du bist zurück!«

Und sie umarmte ihn so fest, dass er fast keine Luft mehr bekam. So machen Mütter das eben, wenn sie erleichtert sind, ihr Kind wiederzusehen, das kennst du doch.

Dann hielt sie Jabu an ihren ausgestreckten Armen ein bisschen von sich weg, um ihm in die Augen zu sehen. »Aber wo ist der Hoffnungsvogel?«, fragte sie. »Bringst du ihn nicht zurück? Und wer ist das Mädchen?« Sie guckte Cho verwirrt an. »Und wo ist die Tochter der Leuchtturmwärterin? Ihre Mutter war bei mir und hat mir erzählt, dass Alva zusammen mit dir aufgebrochen ist!« Und sie krauste ihre Stirn, als ob sie nun doch ein bisschen beunruhigt wäre, und dafür gab es ja auch allen Grund.

»Vielleicht setzen wir uns erst mal hin?«, schlug da Cho ganz vernünftig vor. »Damit wir in Ruhe erzählen können? Ich bin übrigens Cho aus dem Land jenseits des Meeres!« Und sie hielt der Guten Königin ihre Hand hin.

Da erinnerte die sich vielleicht daran, wie man im Glücklichen Land einen Gast begrüßte und sagte: »Willkommen, Cho!«, und bat sie, sich auf einen Gartenstuhl zu setzen. Dann brachte sie ein Blech Kirschkuchen aus der Küche, weil die Gute Königin nämlich nicht nur buk, wenn sie ihr Volk bewirten wollte, sondern auch, wenn sie unruhig und in Sorge war, und das war sie während Jabus Abwesenheit natürlich gewesen. Backen beruhigte sie dann immer. Aber in die Bäuche der Kinder passte gerade nicht mehr das winzigste Stück, egal, wie lecker der Kuchen auch aussah.

Erst jetzt klappte die Königin einen dritten Gartenstuhl auf, setzte sich zu den Kindern und sah sie erwartungsvoll an. Und da erzählten Jabu und Cho ihr abwechselnd die ganze Geschichte, von der traurigen Prinzessin und dem Überfall der Räuber in der Dunkelschlucht.

Aber weil du die Geschichte ja schon kennst, erzähle ich sie nicht noch mal. Du weißt schließlich Bescheid.

»Unser Hoffnungsvogel ist also immer noch bei den Räubern!«, murmelte die Gute Königin nachdenklich. »Und die Tochter der Leuchtturmwärterin auch. Und bald werden die Räuber kommen und von mir ihre Hand verlangen und das ganze Königreich dazu. Richtig?«

»Richtig!«, sagten Jabu und Cho im Chor, und Jabu sagte noch: »Und alle Schätze aus deiner königlichen Schatzkammer auch!«

Die Königin guckte auf ihren Teller, auf dem nur noch ein paar winzige Krümel lagen. Während die Kinder erzählt hatten, hatte sie als Einzige ganz gedankenverloren drei Stücke von ihrem eigenen Kuchen gegessen.

»Eine Schatzkammer habe ich nicht, das weißt du doch, mein Sohn!«, sagte sie unglücklich. »Aber mein Königreich können sie gerne haben! Nur, wie soll ich ihnen Alvas Hand geben? Ich bin doch nicht ihre Mutter!«

»Alvas Hand kriegen sie sowieso gar nicht!«, rief Cho empört. »Der grässliche Räuberhauptmann soll sich woanders eine Frau suchen, wenn er unbedingt eine haben will! Alva kriegt er nicht!«

Und Jabu nickte so heftig, dass ihm fast sein leerer Teller von den Knien auf den Boden gerutscht wäre.

»Aber wie können wir sie denn befreien?«, fragte die Gute Königin hilflos. »Sie und unseren Hoffnungsvogel auch? Ihr wisst, im Glücklichen Land sind die Menschen nicht mehr so hilfsbereit, wie sie es immer waren, und sollen wir drei alleine gegen die Räuber kämpfen?«

Da wurde es ganz still im königlichen Garten.

Und genau in diesem Augenblick kam vom Hafen her, mit schief zugeknöpfter Jacke und wild die Arme schwenkend, der Kühne Kapitän auf den Garten zugelaufen. »Majestät!«, rief er vollkommen außer Atem, da war er noch mindestens hundert Schritte vom Gartentor entfernt. »Meine ›Heldenhafte Helene‹ ist zurück, ich hab sie im Hafen gesehen! Da müsste doch eigentlich auch dein Sohn ... Oh!«

Denn jetzt hatte er Jabu entdeckt. Und natürlich Cho.

»Aber wo ist die Tochter der Leuchtturmwärterin?«, fragte er und kniff die Augen zusammen. »Du bist es ja nicht!« Er zeigte auf Cho. »Und wer hat mein Schiff so wunderbar instand gesetzt und gestrichen?«

»Setz dich zu uns, Kühner Kapitän!«, sagte die Gute Königin und seufzte. »Auch ein Stück Kuchen?« Denn die Gute Königin war freundlich zu allen Menschen in ihrem Land, verstehst du, auch wenn man so sonderbare Dinge über sie erzählte wie über den Kühnen Kapitän.

»Oh, gerne!«, sagte der fröhlich und langte gleich zu. »Ich weiß doch, was für eine großartige Bäckerin du bist! Aber wo ist denn das Mädchen? Und wer hat mein Schiff ...«

Und dieses Mal erzählte die Königin selbst, was sie eben gerade von Cho und Jabu erfahren hatte.

»Aber nun wissen wir nicht, was wir tun sollen, Kühner Kapitän!«, sagte sie traurig. »Um Alva zu befreien und unseren Hoffnungsvogel auch! Denn die Räuber sind stark und tragen Waffen, haben die Kinder erzählt, und du weißt ja, hier im Glücklichen Land werden uns nicht viele Menschen zur Seite stehen.«

Da nickte der Kühne Kapitän nachdenklich, und ohne hinzusehen, nahm er sich auch noch ein zweites Stück Kuchen. »Sehr lecker, Majestät!«, sagte er und schleckte sich die Krümel von den Fingern. »Ja, was man tun könnte ... Du weißt, ich habe schon viele Abenteuer durchgestanden in meinem Leben! Kennt ihr die Geschichte, wie ich unser Glückliches Land ganz alleine vor den wilden Piraten beschützt habe, mit meiner Schiffskatze als einziger Besatzung? Und wie ich drei Handelsschiffe aus dem fürchterlichsten Sturm gerettet habe, den dieses Meer jemals erlebt hat? Die Geschichte, wie ich mit leeren Händen aufgebrochen bin in ferne Lande und zurückgekommen mit dem größten Schatz, den unser Glückliches Land jemals gesehen hat?« Er sah die drei erwartungsvoll an. »Da wird mir doch wohl auch dieses Mal etwas einfallen!« Und er stützte einen Ellenbogen auf sein Knie und den Kopf in die Hand, und weil er vorher nicht alle Krümel von den Fingern abgeschleckt hatte, klebte einer jetzt an seiner Wange.

Jabu schnaubte und sah ihn böse an. Angeber!, dachte er. Auf dich hört doch sowieso niemand!

Da hob der Kühne Kapitän plötzlich seinen Kopf und lachte.

»Natürlich!«, rief er und schlug sich auf die Schenkel. »So machen wir es!«

»Was?«, fragte die Gute Königin.

Du erinnerst dich doch noch, was die Lastwagenfahrerin gesagt hatte? »Der Kühne Kapitän erlebt seine Heldentaten lieber im Kopf als auf dem Wasser!«, hatte sie gesagt, und das sollte natürlich bedeuten, dass der Kühne Kapitän immerzu geschwindelt und sich seine Abenteuer alle nur ausgedacht hatte. Alles nur Seemannsgarn! Aber es bedeutete doch auch, dass dem Kühnen Kapitän ständig spannende Geschichten einfielen. Und wenn man ein Mädchen aus den Händen einer Räuberbande befreien will, kann ein Kopf voller Einfälle manchmal mehr wert sein als ein Scheffel Gold oder meinetwegen sogar eine Kanone, das wirst du gleich erleben.

37. Kapitel

in dem die Leuchtturmwärterin vom traurigen Schicksal ihrer Tochter hört

»Kühner Kapitän!«, sagte die Gute Königin zweifelnd. »Ich glaube nicht, dass es so einfach ist, Alva zu befreien! Aber erzähle uns gerne …«

Dafür hätte der Kühne Kapitän ihre Aufforderung gar nicht gebraucht. »Natürlich ist es einfach!«, rief er jetzt. »Hast du noch ein Stück Kuchen für mich, Majestät? Vielen Dank! Der Räuberhauptmann glaubt, die Tochter der Leuchtturmwärterin wäre deine Tochter und darum will er sie zur Frau? Nun, dann soll er sie haben!«

»Niemals!«, riefen Jabu und Cho empört, und »Was?« rief die Gute Königin.

»Er darf nur nicht erfahren, dass er sich getäuscht hat und das Mädchen in Wirklichkeit gar keine Prinzessin ist!«, sagte der Kapitän. »Manchmal muss man die Wahrheit ein wenig verdrehen, verstehst du, Majestät?«

Na, damit hatte der Kühne Kapitän ja reichlich Erfahrung, er hatte ja immerzu Seemannsgarn erzählt.

»Ich verstehe nicht, wie uns das helfen könnte!«, begann die Gute Königin, aber dann drehte sie erstaunt den Kopf. Denn am Gartentor stand plötzlich die Leuchtturmwärterin, die war ein bisschen außer Atem, so schnell war sie gelaufen.

»Ein schwarzes Schiff nähert sich unserer Küste, Gute Königin!«, rief sie, bevor das Tor knarrend hinter ihr ins Schloss fiel. »Ich habe es von meinem Leuchtturm aus erspäht! Es hat blutrote Segel, eine blutrote Fahne weht am Mast, und es sieht nicht aus, als käme es in freundlicher Absicht. Es hat Kanonen an Bord, und auf seinem Bug steht ›Grässliche Gerti‹!«

Und dann entdeckte sie Jabu. »Du bist zurück?«, rief sie glücklich und sofort sah sie sich suchend um. Dann ließ sie ihre Schultern sinken. »Aber wo ist meine Tochter? Ihr seid doch zusammen aufgebrochen! Ist Alva nicht auch bei dir?« Und alle Freude verschwand aus ihrem Gesicht so schnell, wie sie gekommen war.

Na, nun musste dieselbe Geschichte natürlich noch mal erzählt werden, es tut mir leid, wenn du findest, langsam ist es genug; aber diesmal ging es ganz schnell, Jabu hatte inzwischen schon ziemlich viel Übung.

Danach drehte die Leuchtturmwärterin sich nach einem kurzen Blick zum Himmel abrupt zu den Kindern um. »Du hast deine Aufgabe erfüllt, Freundlicher Prinz, und den Hoffnungsvogel gefunden«, sagte sie mit schneidender Stimme. »Zurückgebracht hast du ihn aber nicht! Trotzdem hat meine Tochter dafür bezahlt. Noch immer ist sie in der Gewalt der Räuber und der Hauptmann will sie sogar zur Frau nehmen und König des Glücklichen Landes werden!« Sie holte tief Luft. »Das wird niemals geschehen! Ihr müsst den Räubern sofort entgegenfahren und ihnen erklären, dass alles ein Irrtum ist! Wenn sie erfahren, dass Alva gar keine Prinzessin ist, nützt sie ihnen ja nichts, und bestimmt lassen sie sie dann frei!«

Aber Jabu schüttelte traurig seinen Kopf. »Glaubst du nicht, dass wir auf der Rückfahrt vom Land jenseits des Meeres die ganze Zeit darüber nachgedacht haben, Cho und ich?«, fragte er. »Ja, wenn es so einfach wäre! Aber wenn der Räuberhauptmann erfährt, dass er die Falsche gefangen genommen hat, wird er doch bestimmt erst mal ganz furchtbar wütend werden! Und einfach frei lassen wird er sie niemals. Er wird dann eben ein Lösegeld aus der Schatzkammer meiner Mutter für sie verlangen, ganz sicher!«

»Und eine Schatzkammer habe ich doch gar nicht!«, sagte die Gute Königin, als ob das nicht sowieso alle wüssten. »Da könnte ich gar kein Lösegeld zahlen!« Sie guckte sich nachdenklich um. »Und mit Rosen aus meinem Garten und leckerem Kirschkuchen werden sich die Räuber wohl kaum zufriedengeben.«

»Nein, nein, genau, das haben Cho und ich uns auch gedacht!«, sagte Jabu. »Darum hilft es nichts, wenn wir dem Räuberhauptmann erklären, dass er die Falsche gefangen genommen hat.«

»Dann soll sie also doch den Räuberhauptmann heiraten?«, rief die Leuchtturmwärterin verzweifelt.

Aber jetzt schüttelten Cho und Jabu beide heftig ihre Köpfe.

»Der Kühne Kapitän sagt, er hat eine Idee, wie wir sie befreien können!«, sagte die Gute Königin ein bisschen zögerlich, und natürlich legte die Leuchtturmwärterin da ihre Stirn erst recht in Sorgenfalten. Denn vom Kühnen Kapitän, das weißt du ja, erwartete niemand viel. Und gerade sah er so aufgeregt und begeistert aus, dass sie alle noch misstrauischer wurden.

»Sie sollen das Mädchen haben!«, rief der Kühne Kapitän und klatschte in die Hände. »Ja, die Räuber bekommen unsere Prinzessin!«

»Aber Alva ist doch gar nicht meine Tochter!«, rief die Königin.

»Nicht meine Alva, nein!«, rief die Leuchtturmwärterin.

»Wir brauchen nur ein bisschen Zeit!«, sagte der Kühne Kapitän und seine Augen blitzten, wie sie das sonst nur taten, wenn er von seinen Abenteuern berichtete. »Und wir brauchen unseren Hoffnungsvogel zurück!«

Aber nun fand Jabu doch, dass irgendwer ihn stoppen musste. »Kühner Kapitän!«, sagte er eindringlich. »Hör bitte auf, dir Seemannsgarn auszudenken! Dies hier ist die Wirklichkeit und keine Geschichte, wie du sie sonst immer erzählst! Und Alva ist in echter Gefahr!«

Aber da leuchtete das Gesicht des Kühnen Kapitäns erst so richtig auf.

»Jetzt erzähle ich euch, wie wir es machen!«, sagte er.

Und das tat er auch.

38. Kapitel

in dem Jabu und Cho endlich den Hoffnungsvogel zurückbekommen

Die Sonne hing schon tief über dem Horizont und der Himmel glühte rot: Da standen Jabu und Cho im Hafen zwischen den Booten der Fischer und warteten darauf, dass das Schiff der Räuber anlegen sollte. Schon lange lag es nun in der Bucht vor Anker und seine Kanonen zeigten zur Küste, aber es machte keine Anstalten, endlich auch einzulaufen und festzumachen, und niemand kam an Land.

»Sie trauen uns nicht!«, sagte Jabu düster. »Na, damit haben sie ja auch recht!«

»Aber sie müssen doch mit der Königin reden, wenn sie von ihr die Hand der Prinzessin wollen!«, sagte Cho. »Und das geht doch wohl nicht, wenn sie nicht mal in den Hafen einlaufen!«

»Sie warten, dass jemand von uns zu ihnen kommt!«, sagte Jabu. »Der Kühne Kapitän hatte recht. Sie fürchten, dass das Glückliche Land schon gewarnt ist und wir sie überfallen, wenn sie an Land gehen! Denn Alva war schließlich nicht alleine im Land jenseits des Meeres, und das wissen sie genau. Da ist es doch auch klar, dass ich zurückgereist bin und vom Überfall in der Dunkelschlucht erzählt habe!«

»Ja, das ist klar!«, sagte Cho. »Aber sie wissen nicht, dass Alva

gar keine Prinzessin ist. Und dass du ihre Pläne belauscht hast, wissen sie auch nicht, Jabu!«

Jabu seufzte. »Es ist wirklich genau, wie der Kühne Kapitän gesagt hat: Sie warten einfach darauf, dass ein Abgesandter der Königin zu ihnen rudert und um die Freilassung unserer Prinzessin bittet.«

Cho nickte. »Und das müssen dann wohl wir beiden tun, Jabu!«, sagte sie. So richtig glücklich klang sie nicht.

Das Boot, mit dem sie nun aus dem Hafen und in die Bucht hinaus ruderten, war nur klein; aber die See lag ruhig, und nicht umsonst war Cho ein Fischermädchen: Da fiel ihr das Rudern leicht. Und als sie bei der »Grässlichen Gerti« angelangt waren, deren Bug hoch und schwarz über ihnen aufragte, und die auf dem Wasser in der Abenddämmerung noch viel gefährlicher aussah als eben vom Land aus, da nahm Jabu all seinen Mut zusammen und hielt beide Hände wie einen Trichter an den Mund. Cho konnte das ja nicht machen, die musste schließlich die Ruder halten.

»Ahoi, ihr tapferen Seeleute!«, brüllte Jabu. »Hier sind Jabu und Cho, und wie ihr seht, kommen wir aus dem Glücklichen Land! Wir haben euer Schiff in unserer Bucht ankern sehen und möchten mit euch sprechen!«

Da kam von oben ein unfreundliches Grunzen und Schnauben, aber dann wurde eine Strickleiter heruntergeworfen, die hätte Cho fast am Kopf getroffen.

»Au!«, rief Cho empört, obwohl es ihr nicht wirklich wehgetan hatte. »Manieren habt ihr aber keine!«

Na, das wussten wir ja schon.

Dann vertäute sie ärgerlich das Ruderboot an einem Ring am Rumpf der »Gerti« und kletterte leichtfüßig die Strickleiter hoch;

und Jabu
hatte das
auch schon
mal gemacht, wie
du dich bestimmt erin-
nerst, und darum folgte er
ihr jetzt fast genauso schnell und
geschickt.

An Deck hatte sich inzwischen die
ganze Räuberbande versammelt, und einen
Schritt vor seiner Mannschaft stand der Räuberhauptmann.

»Dachte ich es mir doch!«, rief er und starrte
Jabu an.

Du hattest doch nicht etwa geglaubt, er hätte die beiden freundlich oder meinetwegen auch wenigstens unfreundlich begrüßt und erst mal »Hallo!« oder »Guten Tag!« gesagt?

»Du bist doch der Bengel, der mit der Prinzessin im Land jenseits des Meeres durch die Dunkelschlucht gezogen ist!«

Jabu holte tief Luft. Jetzt musste er gut aufpassen, dass er nichts Falsches sagte. »Also ist sie wirklich bei euch?«, rief er. »Das hatten wir so sehr gehofft, als wir euer Schiff vor dem Glücklichen Land ankern sahen! Die Gute Königin bittet darum, ihr ihre Tochter zurückzugeben!« Und er war ein bisschen stolz auf sich, dass er es geschafft hatte, nicht »meine Mutter, die Gute Königin« zu sagen.

Die Räuberbande brach in ein johlendes Gelächter aus, bis die verfilzten Zöpfe der Frauen um ihre Köpfe flogen und die zotteligen Bärte der Männer wackelten. »Zurückgeben!«, grölten sie und klatschten sich auf die Schenkel. »Die Prinzessin zurückgeben, hohoho!«

»Die Königin wird euch auch reich belohnen!«, rief Jabu. »Aus Dank dafür, dass ihr ihr Kind freilasst!«

Was natürlich, wie du weißt, eine Lüge war: Die Königin besaß ja gar keine Schätze, die sie den Räubern hätte geben können. Aber der Kühne Kapitän hatte gesagt, so sollte Jabu es machen.

»Sie kann ihre Schätze behalten!«, rief jetzt der Räuberhauptmann und seine Stimme dröhnte. »Welcher Schatz sollte wohl größer sein als ihre Tochter?«

»Ja, welcher Schatz sollte wohl größer sein als eure Prinzessin?«, grölten jetzt auch alle anderen Räuber.

Die Kinder legten ihre Stirnen in Falten, als wären sie vollkommen überrascht.

»Aber warum habt ihr die Prinzessin denn dann gefangen genommen, wenn ihr sie nicht für ein Lösegeld zurückgeben wollt?«, fragte Cho, als ob sie wirklich verwirrt wäre. Dabei kannten die beiden Kinder die Antwort natürlich längst, haha!

»Von der Königin will ich die Hand ihrer Tochter und das ganze Königreich!«, rief der Räuberhauptmann. »Dann bin ich der König des Glücklichen Landes und mir gehört alles, was darinnen ist! Was soll ich da mit einem läppischen Lösegeld?«

»Oh!«, sagte Jabu, als wäre er nun ehrlich erstaunt. »Diese Nachricht können wir der Guten Königin natürlich überbringen! Aber wie soll das denn vonstattengehen?«

Der Räuberhauptmann lachte ein dröhnendes Lachen. »Das will ich dir sagen!«, rief er. »Die Königin richtet die Hochzeit aus! Und sobald alles bereit dafür ist, kommen wir an Land mit eurer Prinzessin!«

»Nein, warte, warte!«, unterbrach ihn Jabu. »Woher sollen wir denn wissen, dass ihr wirklich nur wegen der Hochzeit kommt und nicht, um uns zu überfallen?« Auch dieser Satz stammte vom Kühnen Kapitän. »Im Glücklichen Land sind wir immer auf der Hut, versteht ihr! Wenn ihr einfach so in unseren Hafen geschippert kommt mit euren Kanonen an Bord, dann stehen auch bei uns hundert Kanoniere bereit und legen auf euer Schiff an, bevor ihr festmachen könnt! Und die Königliche Schlosswache kommt mit ihren Schwertern und ...«

»... und die Brigadiere der Königin!«, rief Cho. Die Räuber mussten schließlich nicht wissen, dass es im Glücklichen Land

keine einzige Kanone gab und keine Brigadiere und eine Schlosswache erst recht nicht. All das hatten sie bisher doch noch niemals gebraucht.

»Cho hat recht!«, rief Jabu. »Wir wollen der Königin eure Bot-
schaft gerne überbringen, aber wir brauchen einen Beweis dafür,
dass ihr wirklich in friedlicher Absicht kommt. Sonst wird sie
euch nicht glauben.«

»Hm«, murmelte der Räuberhauptmann und kratzte sich am
Bart. Bestimmt konnte er das gut verstehen. Er war ja so ein
kämpferischer Kerl, da glaubte er selbst auch niemandem, der
ihm erzählte, dass er in friedlicher Absicht käme. Aber wie er der
Königin seine friedliche Absicht beweisen sollte, wollte ihm par-
tout nicht einfallen und seiner Mannschaft erst recht nicht. Die
hätte sich außerdem auch gar nicht getraut, einen Vorschlag zu
machen, bevor ihr Hauptmann nicht einen gemacht hatte.

»Wir könnten unsere Kanonen umdrehen!«, schlug er schließlich vor.

Aber Jabu schüttelte energisch den Kopf. »Das wird nicht reichen!«, sagte er bestimmt.

»Wir könnten außerdem alle unsere Pistolen ablegen!«, sagte
der Räuberhauptmann zögernd.

Aber Jabu schüttelte wieder den Kopf. »Das reicht auch nicht!«,
sagte er.

»Ja, beim Klabautermann, was reicht eurer Königin denn dann
als Beweis?«, brüllte der Räuberhauptmann wütend.

Und jetzt hatten die Kinder ihn, wo sie ihn haben wollten.

»Vielleicht ...«, sagte Jabu und er versuchte, so nachdenklich zu
klingen, als wäre ihm dieser Gedanke eben erst gekommen; aber
in Wirklichkeit befolgte er nur genau das, was der Kühne Kapitän ihm eingeschärft hatte, verstehst du. »Vielleicht habe ich eine

Idee, wie ihr die Königin von eurer friedlichen Absicht überzeugen könnt! Der bunte Vogel da drüben in dem Käfig! Der sieht fast so aus wie unser Hoffnungsvogel, den wir schon so lange vermissen! Und euch ist der doch sowieso zu nichts nütze, wie ich sehe! Darum gebt ihn uns mit als Zeichen eures guten Willens! Das wird die Königin überzeugen und sie wird ihre Soldaten nicht in den Hafen schicken, um euch mit Kanonen zu empfangen!«

»Der Vogel wird die Königin überzeugen!«, wiederholten die Räuber aufgeregt, und der Hauptmann kniff die Augen zusammen.

»Wir können den Vogel sowieso nicht brauchen, das ist wahr!«, murmelte er. »Darum sollt ihr ihn meinetwegen haben! Aber wenn eure Königin einen Beweis dafür braucht, dass wir in friedlicher Absicht kommen, dann brauchen auch wir einen Beweis dafür, dass uns nicht bei euch vielleicht trotzdem Kanonen empfangen! Zum Zeichen, dass die Königin mir wirklich die Hand ihrer Tochter geben will, sollt ihr uns vorher das Brautkleid bringen!« Und er nickte heftig, so stolz war er auf seine Idee.

Dabei war ein Brautkleid ja eigentlich genauso wenig ein Beweis für friedliche Absicht, wie der Hoffnungsvogel das war, das wissen wir natürlich; aber so wild entschlossen war der Räuberhauptmann, durch die Hand der Prinzessin König des Glücklichen Landes zu werden, dass er nicht lange nachdachte, und sehr klug war er sowieso noch nie gewesen.

»Kein Problem, morgen kommen wir mit dem Brautkleid!«, versprach Jabu sofort. »Aber leider erst morgen. Denn jetzt wird es schon dunkel, da wollen wir nach unserer Rückkehr nicht noch einmal aufs Wasser!«

Und außerdem brauchen wir die Nacht!, dachte er. Wo sollen wir denn wohl so schnell ein Brautkleid hernehmen? Das muss doch erst noch genäht werden!

Der Räuberhauptmann gähnte, und dabei riss er seinen Mund so weit auf, dass die Kinder ihm an seinen verfaulten Zähnen vorbei bis tief in den Hals gucken konnten.

»Na gut, dann morgen!«, sagte er. »Ich will jetzt sowieso schlafen. Leute, bringt den Kindern den Vogel!«

39. Kapitel

in dem von irgendwoher ein Brautkleid kommen muss

So kam es, dass Jabu den Hoffnungsvogel in seinem Käfig bei sich trug, als sie sich in der Dunkelheit über das Wasser auf den Weg zurück ins Glückliche Land machten.

»Aber warum muss er eigentlich noch im Käfig sitzen?«, fragte Cho und legte sich kräftig in die Ruder. »Im Glücklichen Land war er doch sowieso immer frei, oder? Und das soll er auch wieder sein!«

Jabu nickte und öffnete die Käfigtür. »Nun flieg, Hoffnungsvogel, flieg!«, sagte er. »Wir sind so glücklich, dass du zurück bist und uns wieder deine Lieder singen kannst!«

Da dauerte es nur einen winzigen Augenblick, bis der Hoffnungsvogel begriffen hatte, dass er sein Gefängnis wirklich verlassen durfte, und mit weit ausgebreiteten Flügeln stieg er auf in den Himmel und begann sofort zu singen.

Und Jabu und Cho wurde es ganz warm bei seinem Lied, wie er über ihrem Boot seine Kreise zog, bis sie im Hafen festgemacht hatten.

Am Kai standen schon die Gute Königin und die Leuchtturmwärterin und der Kühne Kapitän; und die Lastwagenfahrerin war inzwischen auch dazu gekommen. Sie alle hatten allmählich an-

gefangen, sich Sorgen zu machen, darum waren sie zum Hafen gegangen und warteten hier auf die Rückkehr der Kinder.

»Ihr habt unseren Hoffnungsvogel zurückgebracht!«, rief die Königin glücklich und sah hoch in den Nachthimmel, wo sich der Hoffnungsvogel jetzt vor der leuchtend weißen Mondscheibe immer höher in die Luft schraubte. »Danke, Jabu! Danke, Fischermädchen Cho!«

Aber die Leuchtturmwärterin drehte sich nach einem kurzen Blick zum Himmel abrupt zu den Kindern um. »Und wo ist meine Tochter?«

»Für die brauchen wir dringend ein Brautkleid!«, sagte Jabu.

»Was?«, rief die Lastwagenfahrerin.

Und »Dann soll sie also doch den Räuberhauptmann heiraten?«, rief die Leuchtturmwärterin.

Aber jetzt schüttelten Cho und Jabu beide heftig ihre Köpfe, und auf dem Weg zurück zur Königlichen Kate erklärten sie allen, wofür sie das Brautkleid brauchten; und die ganze Zeit sang über ihnen am Himmel der Hoffnungsvogel.

»Denn wenn wir ihm ein königliches Brautkleid bringen,« rief Jabu, »dann glaubt er, dass die Königin sich wirklich auf die Hochzeit ihrer Tochter mit ihm freut. Danke, Kühner Kapitän, für deinen listigen Plan!«

Aber der ganze Plan war das natürlich noch lange nicht, warte mal ab.

»Das ist ja alles schön und gut!«, sagte die Lastwagenfahrerin. »Aber woher bekommen wir so schnell ein Brautkleid? Ich jedenfalls hab keins im Schrank!«

Auch die Gute Königin hatte inzwischen nachgedacht. »Unser Hoffnungsvogel ist zurück, werden die Herzen der Menschen da nicht überall auftauen?«, fragte sie vorsichtig. »Werden die Men-

schen nun nicht wieder freundlich und hilfsbereit sein? Wir müssen einfach nur den Schneider bitten, noch heute Nacht ein Kleid zu nähen!«

Jabu erinnerte sich, wie der Schneider bei der Versammlung im königlichen Garten wie alle anderen geschimpft hatte, aber weil ihm auch keine bessere Lösung einfiel, schloss er sich den anderen an, und gemeinsam machten sie sich auf den Weg zum Haus des Schneiders.

40. Kapitel

in dem der Schneider mitten in der Nacht ein Brautkleid näht, damit nicht geheiratet werden muss

Das Schneiderhaus war nur klein, und es lag mitten im Dorf. Bestimmt war der Schneider schon schlafen gegangen, als sie ankamen, denn durch seine Fenster drang kein Licht nach draußen; aber dafür hörten sie ein Schnarchen, das war so laut, dass Jabu sich fragte, wieso der Schneider davon nicht selbst wach wurde. Es hätte nicht viel gefehlt, und die Wände hätten gewackelt.

»Der Schneider wird böse sein, dass wir ihn nicht schlafen lassen!«, sagte Jabu ein bisschen ängstlich, während der Hoffnungsvogel in der Dunkelheit seine Kreise nun hoch über dem Schneiderhaus zog. Und wenn so etwas überhaupt vorstellbar ist, dann war sein Gesang noch kräftiger geworden, und sein Lied klang so fröhlich und so wunderschön durch die Nacht, dass Jabu auf einmal Hoffnung schöpfte.

Cho hatte inzwischen schon angefangen, Steinchen gegen die Fenster zu werfen. »Schneider!«, rief sie dabei. »Schneider, wach auf!«

Und weil selbst ihr lautestes Rufen nicht gegen das gewaltige Schnarchen ankam, riefen jetzt auch die anderen alle mit. »Schneider, wach auf! Du musst uns ein Brautkleid nähen!«

Tatsächlich wurde da schließlich ein Fenster aufgerissen und

mit vor Wut gerötetem Gesicht und im Nachthemd beugte der Schneider sich nach draußen. Natürlich wollte er nachsehen, wer da so frech seine Nachtruhe gestört hatte.

»Wer nimmt sich heraus, einen hart arbeitenden Mann um seinen Schlaf zu bringen?«, brüllte er.

In der Gruppe vor dem Fenster sahen sie einander erschrocken an. Dann waren sie sich wohl einig, dass es an der Königin war, dem Schneider zu antworten.

»Schneider, es tut uns schrecklich leid, dass wir dich wecken mussten!«, sagte die Gute Königin und trat ganz dicht ans Fenster heran, wo der Schneider sich verschlafen mit den Fingern durch die verstrubbelten Haare fuhr. »Wir brauchen deine Hilfe!« Und am Himmel über ihr sang übrigens immer noch der Hoffnungsvogel, aber nur gerade so laut, dass der Schneider die Königin trotzdem verstehen konnte. »Du musst uns ein Brautkleid nähen!«

»Was?«, rief der Schneider. »Jetzt mitten in der Nacht? Schert euch zum Teufel!« Und er legte die Hand schon wieder auf den Fenstergriff, um das Fenster zu schließen. Aber wenn Jabu sich nicht täuschte, war sein Gesicht vielleicht schon nicht mehr ganz so rot wie gerade eben noch.

»Es tut uns so leid!«, rief die Königin wieder. »Aber es muss heute Nacht geschehen! Nur du kannst die Tochter der Leuchtturmwärterin vor einem schrecklichen Schicksal bewahren!«

»Die Tochter der Leuchtturmwärterin?«, fragte der Schneider und nun hielt er doch mitten in der Bewegung inne. Hatte ich es nicht gesagt? Ganz so wütend war er wirklich schon nicht mehr. »Was hab ich mit der zu schaffen?«

Da trat die Leuchtturmwärterin selbst vor. »Schneider, ich bitte dich!«, flehte sie. »Näh meiner Tochter ein Brautkleid! Sie ist in den Händen einer Räuberbande und der Räuberhauptmann will sie heiraten und ...«

»Und da hilfst du ihm noch und bringst ihm ein Brautkleid?«, rief der Schneider empört. »Ist deine Tochter nicht noch ein bisschen jung? Und will sie den Kerl denn überhaupt?«

»Nein, nein, Schneider, nein!«, rief Jabu. »Wir brauchen das Kleid ja gerade, damit sie den grässlichen Kerl nicht heiraten muss! Und nur du kannst uns helfen!«

Tatsächlich hörte der Schneider jetzt aufmerksam zu, als Jabu ihm alles erklärte, und dann seufzte er müde. »Eigentlich sollte ein hart arbeitender Mensch in der Nacht schlafen!«, grummelte er. »Aber ich glaube, ich habe noch ein bisschen Stoff, der für ein Brautkleid taugt! Bei wem soll ich Maß nehmen?«

Dann holte er sein Maßband und kam zu ihnen nach draußen und alle sahen sie zu, wie er sorgfältig Cho vermaß. Weil die Leuchtturmwärterin nämlich sagte, ungefähr so groß wäre auch ihre Tochter.

»Ihr braucht nicht zu warten, bis ich fertig bin!«, sagte der Schneider ein bisschen unfreundlich und schlurfte zurück ins Haus. »Wenn das Kleid schön und festlich werden soll, dauert es bis zum Morgen.«

Da stieß der Hoffnungsvogel über ihnen einen jubelnden Triller aus.

Und während die Erwachsenen alle gähnend nach Hause und in ihre Betten schlichen, weil es am nächsten Tag schließlich ziemlich aufregend werden konnte – und da ist es ja immer gut, wenn man ausgeschlafen ist! –, ließen Jabu und Cho sich einfach auf der staubigen Straße zu Boden sinken und lehnten sich unter dem Fenster an die Mauer. Sie wollten Wache halten, damit auch wirklich nichts schiefging.

Aus dem Schneiderhaus kam die ganze Zeit das summende Geräusch der Nähmaschine; hoch am dunklen Nachthimmel sang ihnen der Hoffnungsvogel ein Schlaflied; und darum dauerte es nicht lange, da waren beide Kinder eingeschlafen.

41. Kapitel

in dem das Brautkleid fertig ist

Diesmal weckte der Schneider Jabu und Cho aus ihrem tiefen Schlummer, das war auch nur fair; schließlich hatten sie ihn in der Nacht auch geweckt.

»He, ihr beiden da unten, guten Morgen!«, brüllte er aus seinem weit geöffneten Fenster zu ihnen hinunter, kaum hatten die Strahlen der Morgensonne das Dorf erreicht. Auf dem Apfelbaum neben dem Schneiderhaus hockte der Hoffnungsvogel hoch oben auf einem Ast und schlief genau wie die Kinder.

»Nun habt ihr gestern Abend so gedrängt, dass ich nähen sollte! Aufwachen! Das Brautkleid ist fertig!«

»Welches Brautkleid?«, murmelte Jabu und rieb sich die Augen.

»Ich will schlafen!«, murmelte Cho und legte ihren Kopf auf seine Schulter.

Aber damit war der Schneider nun ganz bestimmt nicht einverstanden. »Habt ihr mich die ganze Nacht an der Nähmaschine sitzen lassen, und nun wollt ihr nicht mal sehen, was ich zustande gebracht habe?«, rief er böse. Übrigens war auch der Hoffnungsvogel inzwischen aufgewacht, aber sogar sein Lied klang gerade noch ziemlich verschlafen. Dann stieg er auf in den Himmel und zog seine Kreise über dem Glücklichen Land; und dabei flog er mit seinem Lied mal über das eine

Haus und dann über ein anderes, mal über ein Gehöft und dann wieder über eine Kate, und allmählich war die Luft über dem Glücklichen Land erfüllt von seinem Gesang wie in früheren Zeiten.

Den Schneider allerdings interessierte das kein bisschen. »Na, nun schlägt's dreizehn!«, rief er, und weil er ganz sichergehen wollte, dass die Kinder nicht vielleicht doch wieder einschliefen, kam er nach draußen gelaufen, das Brautkleid über dem Arm. »Hier ist es!«

Da rissen Jabu und Cho beide ihre Augen auf, denn oh!, wie wunderschön war das Kleid geworden! Da war an Schlafen wirklich nicht mehr zu denken.

»Du bist ja ein Künstler, Schneider!«, rief Jabu. »Noch nie habe ich so ein schönes Brautkleid gesehen!«

Der Schneider seufzte. »Und alles ganz umsonst!«, sagte er düster und gähnte. »Schließlich soll gar nicht geheiratet werden!«

»Gar nicht umsonst!«, rief Jabu. »Wo dieses Kleid doch helfen wird, Alva zu befreien!«

»Darf ich es vielleicht mal ganz kurz anprobieren, um zu gucken, ob es auch passt?«, fragte Cho, und schon hatte sie dem Schneider das Kleid abgenommen.

Dann verschwand sie im Haus, und als sie wieder nach draußen kam, verschlug es Jabu beinahe die Sprache. »Oh, Cho!«, rief er. »Wirklich, was für ein wunderschönes Kleid!«

Da nickte der Schneider zufrieden. »Samt und Seide und Damast und nur die allerfeinsten Bordüren und Spitzen!«, sagte er zufrieden. »Ein schöneres Kleid habe ich niemals genäht! Und irgendwann wird die Tochter der Leuchtturmwärterin ja vielleicht wirklich einmal heiraten wollen, dann hat sie schon gleich etwas anzuziehen.«

»Oder sonst irgendwer im Glücklichen Land!«, sagte Jabu. Er konnte sich nicht vorstellen, dass Alva es mit dem Heiraten sehr eilig hatte.

Dann zog Cho das Kleid wieder aus und der Schneider hängte es sich über den Arm, und zu dritt machten sie sich auf den Weg zur königlichen Kate.

42. Kapitel

in dem das Glückliche Land schon wieder ziemlich glücklich ist

Schon lange bevor die drei die Gartenpforte erreicht hatten, hörten sie ein freundlich-lautes Summen, gerade so, als ob viele Stimmen fröhlich durcheinanderredeten; und wenn Jabu sich nicht täuschte, wurde zwischendurch sogar gelacht. Konnte das denn sein?

Da wartete er nicht ab, ob die anderen beiden ihm folgten; er beschleunigte einfach seine Schritte, weil in ihm eine kleine Hoffnung aufstieg, an die wollte er vorsichtshalber noch gar nicht glauben; und darum konnte er auch nicht schnell genug zum königlichen Garten kommen, um sich mit eigenen Augen zu vergewissern.

Und dann sah er es. Im Licht des frühen Morgens drängten sich die Menschen des Glücklichen Landes zwischen den königlichen Rosen: Fischerinnen und Maurer und Bäcker und überhaupt alle, aber heute machte keiner von ihnen ein böses Gesicht, und sie schimpften auch nicht auf die Königin; und niemand beklagte sich, dass es nicht wenigstens Kirschkuchen gab.

Nicht mal über die quietschende Gartenpforte machten sie sich lustig; stattdessen sagte die Tischlerin gedankenverloren: »Ich glaube, ich komme am besten heute Nachmittag kurz vor-

bei und richte die Pforte«, und mit diesen Worten öffnete sie sie jetzt erst mal für Jabu und Cho und den Schneider.

»Was ist denn hier passiert?«, fragte Cho leise und sah Jabu verwirrt an. »Du hast mir doch erzählt, die Menschen im Glücklichen Land wollen der Königin nicht mehr helfen!«

Da sah Jabu hoch in den Himmel. »Unser Hoffnungsvogel ist doch zurück!«, flüsterte er. »Und ohne deine Hilfe hätte das niemals geklappt, Cho!«

»Aber ohne Alvas Hilfe erst recht nicht!«, sagte Cho energisch. »Und die ist noch immer in den Händen der Räuberbande!«

Einen kleinen Augenblick überlegte Jabu, ob die Menschen vielleicht doch wieder böse werden würden, wenn die Königin ihnen von der List des Kühnen Kapitäns erzählte und welch große und gefährliche Aufgabe vor ihnen lag. Aber dann begriff er, dass seine Mutter ihnen längst erklärt hatte, was mit ihrer Hilfe an diesem Tag geschehen sollte.

»Da ist ja das Brautkleid!«, rief der Nachtwächter, der war die ganze Nacht von Haus zu Haus gegangen und hatte die Menschen zu dieser Versammlung eingeladen. Bestimmt war er darum jetzt müde, aber genau wie die anderen alle wollte er helfen, Alva zu befreien. »Oh, seht doch nur, der Schneider bringt das wunderschönste Brautkleid! Nun wird unsere List ganz gewiss gelingen!«

Welche List denn? Das wirst du gleich sehen.

»Dann lasst uns den königlichen Garten schmücken!«, sagte ein Bäcker aufgeregt. »Und den Weg vom Hafen zur königlichen Kate!«

»Ich danke euch so sehr!«, rief die Gute Königin glücklich, und die Leuchtturmwärterin nickte dazu. Die Angst um ihre Tochter war immer noch so groß, dass sie nicht sprechen mochte, verstehst du.

»Mit der List, die sich der Kühne Kapitän ausgedacht hat, können wir die Räuberbande bestimmt überwältigen und das Mädchen befreien!«

»Auch wenn sie Waffen haben und wir nicht,« murmelte ein Bauer.

»Aber die Bauern haben Sicheln und Sensen, und die Fischerinnen haben Netze«, sagte die Lastwagenfahrerin zuversichtlich. Ihre Kinder waren alle auch mitgekommen, und sie sahen ein bisschen enttäuscht aus, weil es an diesem Tag bei der Königin nicht wie sonst immer Kuchen gab. Zum Backen war die Königin nach der kurzen Nacht nämlich nicht mehr gekommen. »Und wir haben unseren listigen Plan. Lasst uns Rosenbögen flechten! Und jeder, der kann, soll auch einen Kuchen backen, denn wie sollten die Räuber uns wohl glauben, dass wir ein prächtiges Fest feiern wollen, wenn die Tische sich nicht unter den Kuchen biegen?«

Da nickten die Frauen und die Männer, und die Stimmung war so fröhlich und erwartungsvoll wie schon lange nicht mehr im Glücklichen Land, und als sollte es wirklich eine Hochzeit geben. Aber eine schöne Hochzeit, verstehst du, bei der alle sich freuen und die Brautleute beide glücklich sind.

»Und ihr beiden«, sagte die Gute Königin nun und nickte Jabu und Cho aufmunternd zu, »rudert noch einmal hinaus zum Räuberschiff und überbringt dem Räuberhauptmann das Brautkleid. Und sagt ihm auch, dass ich mich freue, einen so starken und heldenhaften und wunderbaren Schwiegersohn zu bekommen!« Und sie lachte laut auf. »Jetzt werden wir sehen, dass Gier, ganz egal, ob nach Besitz oder nach einer Krone, niemals ein guter Ratgeber ist!«, sagte sie. »Und Eitelkeit auch nicht! Bestimmt wird beides dafür sorgen, dass sein Verstand den Räuberhauptmann ganz und gar im Stich lässt.«

»Wo er sowieso schon nicht so furchtbar viel Verstand hat!«, murmelte Cho leise. Aber das hörte nur Jabu.

»Und passt unbedingt auf, dass das Kleid in eurem kleinen Boot nicht nass wird!«, rief der Schneider, und er klang ein kleines bisschen verzweifelt. »Das ist nicht gut für Samt und Seide!«

»Ich gebe gut darauf Acht, Schneider, versprochen!«, sagte Jabu und nahm das Brautkleid behutsam entgegen. »Und Cho rudert so vorsichtig, dass kein Spritzer das kostbare Kleid treffen kann.«

Dann machten die beiden Kinder sich auf zum Hafen, und die Menschenmenge im Garten zerstreute sich und ging nach Hause, um Kuchen zu backen und Rosenbögen zu flechten.

»Heute Abend ist Alva wieder frei, Cho!«, sagte Jabu. »Ich weiß es einfach!« Und er spürte eine große Zuversicht.

Die ganze Zeit tirilierte am Himmel über dem Glücklichen Land der Hoffnungsvogel.

43. Kapitel

in dem die Räuber in den königlichen Garten ziehen

Die Kanonen waren immer noch auf das Glückliche Land gerichtet, als Jabu und Cho die »Grässliche Gerti« erreichten, und an Deck stand der Räuberhauptmann und hielt sich ein Fernrohr vor das rechte Auge.

»Was treiben die Menschen da in meinem Land?«, rief er böse zu den beiden Kindern nach unten ins Ruderboot.

Hast du das mitgekriegt? Er sagte jetzt schon: In *meinem* Land! Dabei gehörte es ihm noch gar nicht, und zum Glück würde es ihm auch nie gehören, haha! Aber das musste er ja nicht wissen. Genau darauf hatte der Kühne Kapitän doch bei seinem listigen Plan gesetzt: dass der Räuberhauptmann ihnen glauben würde, dass die Königin ihm ihre Tochter zur Frau geben wollte und das ganz Königreich dazu.

»Was die Menschen da treiben?«, rief Jabu und versuchte erstaunt zu klingen. »Sie flechten Rosenbögen für euch! Die Menschen im Glücklichen Land freuen sich so sehr auf die Hochzeit der Prinzessin und auf ihren neuen König, dass sie alle mithelfen wollten, das Land dafür zu schmücken! Und hier ist auch schon das Brautkleid, wie du es verlangt hast. Darin kann die Prinzessin dann festlich gekleidet an Land gehen.«

Er hielt das Brautkleid in die Höhe und eine Räuberin ließ ein

Tau mit einem Haken zu ihnen nach unten, daran befestigte Jabu das Kleid.

»Aber vorsichtig!«, rief Cho. »Damit es nicht noch einen Riss bekommt!«

Dann guckten sie zu, wie der Räuberhauptmann das Kleid vom Haken nahm, und danach sah er sehr zufrieden aus.

»Das ist wahrhaftig ein Kleid, das meiner königlichen Braut würdig ist!«, rief er. »Und wenn die Sonne heute Mittag am höchsten steht, kommen meine Mannschaft und ich an Land, um das Fest zu feiern.«

»Na, Alva kommt ja wohl auch mit!«, murmelte Cho, aber da siehst du mal, der Räuberhauptmann fand immer nur sich selbst und meinetwegen auch noch seine Leute wichtig, deshalb erwähnte er Alva nicht mal.

»Wenn die Sonne am höchsten steht, in Ordnung!«, rief Jabu. »Das ganze Glückliche Land ist schon voller Vorfreude!«

Und der Räuberhauptmann war so eingebildet und so eitel, dass er das tatsächlich glaubte. Daran sieht man mal, dass es manchmal besser sein kann, wenn man nicht so eingebildet und eitel ist. Man tappt dann nicht so leicht in eine Falle.

»Ich glaube, er ist auf unsere List hereingefallen!«, sagte Cho, während sie das Boot zügig zurück in den Hafen ruderte. »Jetzt können wir nur noch warten, Jabu.«

Schon lange bevor die Sonne am höchsten stand, waren die Menschen im Glücklichen Land zum Glück fertig geworden mit den Rosenbögen, die den Weg vom Hafen bis zur königlichen Kate schmückten, und im königlichen Garten stand auf langen Tischen ein Kuchen neben dem anderen, Kirschkuchen und Rhabarberkuchen und Marmorkuchen und Donauwellen und Cremeschnitten, die kamen alle so frisch aus dem Ofen, dass sie noch mit den Blumen um die Wette dufteten. Da blieb für die Menschen auch noch genug Zeit, schnell nach Hause zu gehen, sich ihre schönsten Kleider anzuziehen und Bänder in die Haare zu flechten; und zwischendurch lachte manchmal einer laut auf, weil sie sich alle so sehr darauf freuten, die Räuberbande reinzulegen, dass sie ihre Angst darüber fast vergaßen.

»Und du, Kühner Kapitän«, sagte die Königin freundlich, »knöpfst dir deine Kapitänsjacke vielleicht auch noch mal richtig zu. Du hast schließlich eine wichtige Aufgabe zu erfüllen, da sollst du doch auch würdig und stattlich aussehen!« Die Jacke des Kapitäns war nämlich noch immer schief geknöpft, weil er die ganze Zeit so viel anderes im Kopf gehabt hatte. Aber niemand lachte darüber.

Und dann wurde es Mittag. Als die »Grässliche Gerti« endlich an der Pier anlegte, standen auf dem Kai die Bewohner des Glücklichen Landes in ihren festlichsten Kleidern und klatschten laut und dröhnend Beifall.

»Willkommen, willkommen, tapfere Männer und Frauen!«, rief die Gute Königin. »Fühlt euch zu Hause in unserem Land, das bald auch euer Land sein wird!«

Da grunzte der Räuberhauptmann denn doch ein bisschen misstrauisch, aber als er die Rosenbögen entdeckte, die den Weg zum königlichen Garten schmückten, nahm er die Hand von seiner Pistole und winkte auch seiner Bande, nach ihm an Land zu gehen. Übrigens hatte auch er versucht, sich schön zu machen, und dazu hatte er seinen Schnurrbart mit Bartpomade eingerieben und ihn gezwirbelt, dass die Spitzen ihm fast bis zu den Ohren reichten.

Als Allerletzte kam Alva in dem wunderschönen, neuen Kleid, aber ihr Gesicht war kein bisschen feierlich, sondern nur traurig

und ängstlich. Die Arme! Sie wusste ja nichts von den listigen Plänen des Kühnen Kapitäns, und bestimmt hatte sie sich schon gewundert, warum die Königin ihr ein Brautkleid bringen ließ. Aber sie konnte doch wohl nicht ernsthaft glauben, dass Jabu und die Gute Königin wirklich zulassen würden, dass sie die Frau des Räuberhauptmanns wurde?

Es wäre wirklich schön gewesen, wenn ihr irgendwer ein Zeichen gegeben oder ihr zugezwinkert hätte, um sie zu beruhigen, aber das ging natürlich nicht. Das hätte sonst womöglich noch einer von den Räubern gesehen.

Die gemeine Bande hatte Alva übrigens sogar ihre Hände hinter dem Rücken gefesselt, und so ging sie an Land nicht wie zu einem Fest, sondern immer noch als Gefangene.

»Ist das eine Art, mit Eurer Braut umzugehen, Herr Hauptmann?«, rief darum jetzt ein Bauer, der ihre Fesseln auch gesehen hatte. »An Eurem glücklichsten Tag?«

Aber darauf reagierte der Räuberhauptmann überhaupt nicht. »Zeigt mir alle eure Hände!«, rief er unfreundlich. »Ich will sehen, ob ihr Waffen bei euch tragt!«

Und glaub es oder nicht, sogar damit hatte der Kühne Kapitän gerechnet. »Wenn die Räuberbande auch nur das kleinste Messer bei uns entdeckt ...«, hatte er warnend gesagt.

»... oder den kleinsten Schraubenzieher?«, hatte der Lehrjunge der Tischlerin dazwischengefragt.

»... dann werden sie ihre Pistolen ziehen!«, hatte der Kühne Kapitän ärgerlich gerufen. Natürlich mochte er nicht so gerne unterbrochen werden. »Darum keine Waffen bei der Begrüßung am Hafen! Wir müssen die Räuber in den königlichen Garten locken, und alles muss vorbereitet sein wie für eine heiß ersehnte Hochzeit!«

Na, du hast ja schon gemerkt, genug Rosenbögen waren längst aufgestellt, und genug Kuchen war auch gebacken. Und wirklich, darauf fielen die Räuber herein!

»Im königlichen Garten gibt es nicht nur Kuchen!«, rief jetzt, als endlich alle Räuber und Räuberinnen von Bord gegangen waren, der Wirt, der am Morgen noch schnell ein großes Fass durch die Pforte gerollt hatte. »Es gibt auch den allerbesten Branntwein, wie es sich für ein königliches Fest gehört!«

Da konnte die Räuberbande sich gar nicht genug beeilen. Branntwein tranken sie alle für ihr Leben gerne, das hast du ja schon erlebt, obwohl das doch nun wirklich nicht gerade gesund ist.

Hast du nun vielleicht schon eine Idee, was für eine List sich der Kühne Kapitän ausgedacht hatte?

»Aber wo ist der Pfarrer?«, rief plötzlich der Räuberhauptmann. »Wer soll meine Braut und mich trauen? Ich sehe nirgendwo einen Geistlichen!«

Und bestimmt wundert es dich inzwischen schon nicht mehr, dass der Kühne Kapitän auch das vorhergesehen hatte, darum trat der jetzt vor mit einem wichtigen Gesicht und in seiner ordentlich zugeknöpften Kapitänsjacke.

»*Ich* werde das Brautpaar trauen!«, sagte er und seine Stimme klang gleich doppelt so tief und doppelt so bedeutungsschwer.

»Ihr seht wohl, Herr Hauptmann, ich bin ein Kapitän! Unser Pastor liegt leider mit Fieber im Bett, aber Ihr wisst doch, dass auf hoher See auch der Kapitän zwei Menschen vermählen darf, wenn kein Geistlicher zur Stelle ist. Und gerade ist auch hier an Land kein Geistlicher zur Stelle. Darum werde eben ich euch trauen, eine andere Möglichkeit gibt es leider nicht!«

»Was?«, rief der Räuberhauptmann. »Davon hab ich ja noch nie gehört!«

Aber nun trat eine seiner Räuberinnen vor, die war früher zur See gefahren und kannte sich mit den Regeln der Christlichen Seefahrt aus. »Was er sagt, ist die Wahrheit, Hauptmann!«, sagte sie mutig. »Das darf ein Kapitän!«

Übrigens stimmt das tatsächlich, und das ist auch heute noch auf allen Meeren so, da haben wir schon gleich was gelernt.

Und jetzt sah Jabu, wie Alvas Augen plötzlich aufblitzten. Bestimmt hatte sie endlich verstanden, dass alles, was hier gerade passierte, Teil einer List zu ihrer Befreiung war, und ganz sicher fühlte sie sich da gleich ein kleines bisschen besser.

»Das darf ein Kapitän?«, fragte der Räuberhauptmann verblüfft und starrte den Kühnen Kapitän an. »Nun, wenn es denn keine andere Möglichkeit gibt …«

»Gibt es nicht, tapferer Räuberhauptmann!«, sagte Cho und zuckte die Achseln. »Leider! Aber bei einer Hochzeit ist ein Kapitän ja genauso gut wie ein Pastor.«

»Mindestens!«, sagte Jabu mit Überzeugung. Und »Mindestens, mindestens!« riefen die Bürger des Glücklichen Landes.

Da kniff der Räuberhauptmann kurz die Augen zusammen und dann seufzte er und gab seiner Mannschaft ein Zeichen; und immer noch mit den Händen an ihren Pistolen machten sie sich durch die Rosenbögen feierlich auf zum königlichen Garten.

44. Kapitel

in dem die Räuber leider ziemlich viel trinken

Als sie durch die Gartenpforte kamen – die Tischlerin hatte sie wirklich noch kurz vorher gerichtet und sie quietschte kein bisschen mehr –, stürzten sich die Räuber und Räuberinnen mit einem lauten Aufschrei sofort auf die Kuchen, die überall auf den Tischen standen, und mancher nahm sich nicht mal einen Teller, so gierig schlangen sie alles hinunter.

»He, he, he!«, rief ihr Hauptmann mit Donnerstimme, während seine Mannschaft sich Kuchenstück um Kuchenstück in den Mund stopfte. Kuchen bekamen sie in ihrem wüsten Leben nämlich nicht so oft, und darum waren sie so ausgehungert danach, dass sie nicht zu bremsen waren. »He, he, he, Leute! Erst wird mal geheiratet, und dann wird gegessen!«

Das sagte er natürlich nicht, weil er ihr Verhalten so unhöflich fand wie du und ich, sondern einfach, weil er möglichst schnell König des Glücklichen Landes werden wollte, verstehst du. Aber dann konnte er auch selbst der Versuchung nicht widerstehen und schob sich schnell eine Donauwelle in den Mund.

»Ja, meine lieben Gäste!«, rief jetzt auch die Königin und klatschte in die Hände. Sie sah wirklich so königlich aus, wie ihr Volk und sogar Jabu sie noch niemals gesehen hatten. Weil sie nämlich nicht nur in einer Truhe eine ein bisschen motten-

zerfressene nachtblaue Samtrobe gefunden hatte, sondern nach ziemlich langer Suche in einem alten Einkochtopf für Marmelade in der Abstellkammer auch noch ihre Krone. »Lasst unser Fest beginnen! Wir alle freuen uns unendlich auf diese Hochzeit ...«

»Hoch lebe der tapfere Räuberhauptmann!«, rief der Kühne Kapitän dazwischen, und die Fischerinnen und Maurer und Tischlerinnen und überhaupt alle fielen begeistert in den Hochruf ein.

»... wir alle freuen uns auf diese Hochzeit, die dem Glücklichen Land einen würdigen, neuen König bescheren wird!«

Ich finde ja wirklich, die Gute Königin trug ein bisschen dick auf, aber glaub es oder nicht, der Räuberhauptmann war so sehr von sich selbst eingenommen, dass er ihr jedes Wort abnahm.

»Darum lasst uns zu seinen Ehren anstoßen! Lasst uns anstoßen darauf, dass durch diese Hochzeit unserem Land eine glückliche Zukunft beschieden sein wird!«, rief die Königin, und bei diesen Worten rollte der Wirt mit ein bisschen Gerumpel das Branntweinfass in die Mitte des Gartens, öffnete den Zapfhahn und begann sofort, die alten Senfgläser zu füllen, die die Königin in ihrer Küche sammelte, damit sie immer genug Trinkgefäße hatte, wenn ihr Volk sie besuchen kam. Und die Kinder der Lastwagenfahrerin schnappten sich die gefüllten Gläser und trugen sie durch den Garten zu den Räubern, und dabei versuchten sie, so vorsichtig zu gehen, dass auch nicht das kleinste bisschen Branntwein über den Rand schwappte.

»Hoch, hoch, hoch!«, rief wieder der Kühne Kapitän, als die ganze Räuberbande die Gläser gierig an ihre Lippen führte; und während die Kinder nun auch jedem Bürger des Landes seinen Branntwein brachten (manchen auch in einer Tasse, weil die Königin so viele Gläser dann doch nicht besaß), hatten die Räuber

ihr erstes Glas alle längst geleert. Netter wäre es natürlich gewesen, wenn sie erst getrunken hätten, als alle zusammen anstoßen und »Prost!« rufen konnten, aber du hast ja schon beim Kuchen gemerkt, sie konnten einfach nicht warten.

Und das war auch ein Glück. Denn während die Bürger des Landes ihre Gläser und Tassen an die Lippen setzten und so taten, als tränken sie nun auch – damit niemand misstrauisch wurde, verstehst du! –, stürzten die Räuber alle schon ihr zweites Glas hinunter.

»Noch etwas von meinem guten Branntwein, Räuberhauptmann?«, rief der Wirt, und schon hatten die Räuber alle auch ihr drittes Glas heruntergekippt.

»Dein Branntwein ist wirklich – hicks! – sehr gut!«, rief der Räuberhauptmann, und jetzt wankte er mit unsicheren Schritten sogar selbst zum Fass und schenkte sich ohne zu fragen das vierte
Glas ein. Oder war es vielleicht schon das fünfte? Jedenfalls stieß
er danach einen so lauten Rülpser aus, dass die Teller auf den Tischen schepperten, während die Männer und Frauen seiner Bande
nun alle auch zum Fass stürzten, um sich Nachschub zu holen.

Die Menschen des Glücklichen Landes aber warfen sich ver-
stohlen zufriedene Blicke zu. Aus ihren Gläsern fehlte immer
noch nicht der kleinste Schluck, darum hatten sie alle einen kla-
ren Kopf und sahen mit Freude, wie die Räuber betrunkener und
betrunkener wurden.

»Das ist wirklich ein – hicks! – guter Tropfen, Königin!«, rief der Räuberhauptmann, aber inzwischen war er schon kaum noch zu verstehen, so sehr lallte er.

»Das will ich meinen!«, rief der Wirt. »Von mir selbst gebraut!« Und er hielt dem Räuberhauptmann aufmunternd noch ein Glas hin. Inzwischen weiß ich wirklich nicht mehr, das wie vielte das war.

Aber jetzt fiel dem Räuberhauptmann wohl wieder ein, warum sie überhaupt an Land gegangen waren.

»Leute!«, rief er. »Macht erst mal Schschsch-luss mit dem – hicks! – Trinken! Gleich könnt ihr wei-weidermachen, aber erst mal wird hier ge… – hicks! – …heiratet!«

Und er zupfte an seinem Bart und dann zupfte er sich auch seine Jacke zurecht, aber er war längst so beduselt, dass die Jacke hinterher noch viel schiefer saß als vorher.

»Ja, lasst uns mit der Trauung beginnen!«, rief der Kühne Kapitän mit dröhnender Stimme. Du meine Güte, konnte der sich verstellen! »Als Erstes bitte ich das Brautpaar, zu mir zum Traualtar zu kommen!« Dabei gab es im Garten natürlich gar keinen Traualtar, nur einen Klapptisch mit gebügelter Tischdecke und einem Kästchen mit den Ringen unter dem allergrößten Rosenbogen, aber das störte niemanden.

Auf diesen Rosenbogen torkelte der Räuberhauptmann nun also zu, und dabei rülpste er noch mal (wirklich, das denke ich mir nicht aus!), aber Alva blieb stocksteif stehen mit ihren hinter dem Rücken gefesselten Händen und tat keinen Schritt auf den Kühnen Kapitän zu. Verheiratet werden wollte sie nun wirklich nicht.

»Und nehmt der Braut die Fesseln ab!«, rief der Kühne Kapitän. »Wie soll sie denn sonst gleich mit ihrem Bräutigam die Ringe

tauschen?« Und dabei zwinkerte er Alva so wild zu, dass Jabu ganz sicher war, die Räuber müssten etwas bemerken. Aber die waren längst alle viel zu betrunken.

»Und wo bleibt denn eure Mannschaft, Räuberhauptmann?«, rief der Kühne Kapitän jetzt. Inzwischen hatten sich die Räuber und Räuberinnen nämlich überall im Garten einfach zu Boden plumpsen lassen, und da lagen sie nun im Gras und schnarchten um die Wette. »Ruft eure Mannschaft zu euch!«

»Na, wirss – na wirss bald?«, grölte der Räuberhauptmann. »Her-herkomm, gefälligst!«

Da versuchten seine Leute tatsächlich aufzustehen und torkelten auf ihn zu, aber manche waren inzwischen längst so betrunken, dass sie nur noch auf allen vieren über den Rasen zum Rosenbogen krabbeln konnten, und eine Räuberin wachte überhaupt gar nicht auf, sondern schnarchte einfach weiter. Na, ich muss schon sagen!

»Schöne Hochzeit!«, flüsterte Cho und Jabu kicherte. Inzwischen waren sie beide ganz sicher, dass ihr Plan aufgehen würde.

45. Kapitel

in dem die Räuber ausgetrickst werden und aus der Hochzeit nichts wird

»Und du, Jabu, gehst ans Ende des Gartens und geleitest die Braut von dort zum Traualtar!«, rief der Kühne Kapitän. Denn jetzt war es wichtig, dass Alva nicht womöglich noch mitten im Räubergewusel beim Rosenbogen feststeckte, du wirst gleich sehen, warum. Darum nahm Jabu Alva bei der Hand und führte sie fast bis in den hintersten Winkel des Gartens, wo sich unter einem Fliederbusch der Komposthaufen versteckte, muss ich leider sagen; und dabei kniff er sie fest in die Hand, das sollte ihr zeigen, dass alles in Ordnung war. Falls Alva vielleicht das Zwinkern des Kühnen Kapitäns nicht bemerkt hatte, das konnte ja sein.

Und während die Räuber sich alle mühsam um ihren Hauptmann versammelten, waren die Fischerinnen und Fischer unauffällig zur wilden Rosenhecke geschlichen, hinter der hatten sie ihr allergrößtes Netz ausgebreitet; und du kannst dir gar nicht vorstellen, wie sehr sie sich auf das freuten, was nun kommen sollte.

»Seid ihr bereit für die Trauung, Herr Hauptmann?«, rief der Kühne Kapitän.

»Wie, be... – hicks! – ...reit?«, murmelte der Hauptmann und schwankte ein bisschen. »Ach so! Ja, her mit der Braut!« Und weil er schon wieder ins Torkeln kam, hielt er sich vorsichtshalber an

einem seiner Räuber fest, aber der stand ja auch nicht sicher auf den Beinen; und darum wären sie beide bestimmt umgefallen, wenn die Müllerin nicht vorgesprungen und sie gestützt hätte. Aber dann machte sie ganz schnell wieder ein paar Schritte zurück. Jetzt durfte schließlich niemand bei den Räubern stehen, bestimmt kannst du dir schon denken, warum.

»Und bist du auch bereit, Prinzessin des Glücklichen Landes?«, rief der Kühne Kapitän.

Da kniff Jabu Alva noch mal in die Hand, damit die Tochter der Leuchtturmwärterin auch wirklich verstand, dass sie gemeint war; aber das wäre gar nicht nötig gewesen, denn mit ihrer lautesten Stimme rief Alva nicht nur »Ja!«, sondern »Unbedingt!«

»Dann lasst die Musik beginnen!«, rief der Kühne Kapitän, und da trat auch schon der Geiger vor mit seiner Fiedel und begann einen Hochzeitsmarsch zu spielen, den hast du bestimmt auch schon mal irgendwann gehört; und hoch am Himmel stimmte der Hoffnungsvogel mit ein. Das klang so schön und so feierlich, dass es fast schade war, dass es nicht wirklich eine Hochzeit geben sollte.

Denn zur Musik des Hochzeitsmarsches schlichen sich jetzt von rechts und von links die Fischerinnen und Fischer an, die hielten alle ein Zipfelchen ihres Netzes; und als der Kühne Kapitän gerade nach dem Kästchen mit den beiden Ringen auf dem Klapptisch griff und die Räuber mit ihren glasigen Augen alle nur ihn anstarrten, sprangen die Fischer gleichzeitig vor und schleuderten der ganzen Räuberbande einfach ihr Netz über die Köpfe.

»Geschafft!«, rief der Kühne Kapitän. »Wir haben sie!«, und vor Erleichterung fiel Alva Jabu um den Hals.

»Das hattet ihr euch wohl nicht gedacht, was?«, rief Cho und beugte sich über das Netz, in dem die ganze Bande zappelte

und strampelte. »Die Tochter der Leuchtturmwärterin kriegt ihr nicht!«

»Und unser Land auch nicht!«, rief Jabu.

Dann brach im Garten lauter Jubel aus, in den stimmten alle Bürger des Glücklichen Landes ein; und sie fielen einander um den Hals wie eben schon Jabu und Alva, und sie klopften einander begeistert auf den Rücken; aber danach stürzten sie sich erst mal auf den Kuchen, den die Räuber übrig gelassen hatten, weil so ein Abenteuer ja hungrig macht.

»Ich danke euch allen, Bürgerinnen und Bürger des Glücklichen Landes!«, rief die Königin. »Jetzt wollen wir wirklich feiern!« Und dabei nahm sie die Krone vom Kopf, die sich ein bisschen in ihren Haaren verfangen hatte, und legte sie auf den Klapptisch. »Ich bringe euch noch ein paar Platten mit Kuchen, die ich extra für unser Fest aufbewahrt habe!«

Und damit lief sie eilig in ihre Kate. Aber bevor sie den Kuchen nach draußen trug, zog sie sich erst mal schnell ein normales Kleid an, weil die königliche Samtrobe so nach Mottenpulver roch, dass es ihr fast den Appetit verdorben hätte.

Natürlich wurde es das schönste Fest, das das Glückliche Land seit vielen Jahren gefeiert hatte. Denn sie feierten ja nicht nur, dass Alva gerettet war und dass sie ihren Hoffnungsvogel zurückhatten; sie feierten auch, weil jeder spürte, dass das Glückliche Land seinen Namen endlich wieder verdiente.

Und wenn du nun wissen möchtest, was mit den Räubern wurde, dann kann ich dich beruhigen. Sie störten das Fest nämlich kein bisschen. Sie hatten alle so viel getrunken, dass sie nach einer Weile Gestrampel einfach erschöpft einschliefen und schnarchten, was das Zeug hielt, und da hoben die Fischerinnen das Netz Zipfelchen für Zipfelchen an und nahmen den Räubern ihre Waffen ab; und dann ließen sie sie auf dem Rasen einfach ihren Rausch ausschlafen.

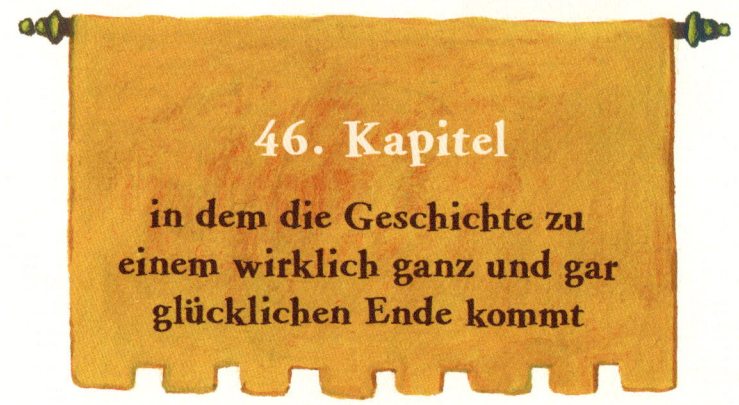

46. Kapitel

in dem die Geschichte zu einem wirklich ganz und gar glücklichen Ende kommt

Aber ganz zu Ende ist unsere Geschichte damit natürlich noch nicht.

Denn irgendwann wachten die Räuber ja wieder auf, und du fragst dich doch bestimmt, was dann aus ihnen wurde!

Waffen hatten sie schließlich keine mehr, und außerdem beobachteten sie ein bisschen neidisch, wie fröhlich die Menschen im Glücklichen Land gemeinsam feierten und wie viel Kuchen es gab und wie freundlich sie alle zueinander waren; und als darum die Müllerin plötzlich zu ihnen trat und sie einen nach dem anderen prüfend ansah, tat es ihnen schon beinahe leid, dass sie nicht auch dazu gehörten und Räuber sein mussten.

»Ich brauche noch eine starke Frau oder einen kräftigen Kerl zum Mehlsäckeschleppen!«, rief die Müllerin. »Hat einer von euch Lust?«

Zuerst konnten die Räuber es gar nicht glauben, aber dann riefen gleich zwei starke Männer und eine Frau, dass sie es gerne machen würden. Vielleicht dachten sie, dass es dann jeden Tag Kuchen geben würde und dass sie außerdem nicht mehr dem unfreundlichen Räuberhauptmann gehorchen mussten.

Und weil die Müllerin ja nur einen von ihnen brauchen konnte,

sagte ein Bauer, er hätte auch gerne noch einen fleißigen Helfer, und nach und nach kamen auch der Bäcker, der suchte ein Lehrmädchen, und der Schneider und die Tischlerin. Und am Schluss war von allen Räubern nur noch der Hauptmann übrig. Seine Mannschaft hatte sich längst unter die anderen Gäste gemischt.

»Und was ist mit dir, Räuberhauptmann?«, rief die Gute Königin. »König unseres Landes kannst du nicht werden und über uns bestimmen erst recht nicht! Aber wenn du uns dabei helfen willst, dass das Glückliche Land glücklich bleibt, dann bist auch du uns herzlich willkommen!«

Da starrte der Räuberhauptmann sie verblüfft an, weil er das gar nicht glauben konnte. Aber dann dachte er, dass seine Mannschaft ihm sowieso nicht mehr gehorchen würde und dass er keine Waffe mehr besaß und dass er es vielleicht ruhig mal versuchen sollte.

»Hmpf«, sagte er deshalb.

»Dann kannst du gut unser zweiter Nachtwächter werden!«, rief die Gute Königin. »Dann muss unser Nachtwächter nicht mehr jede Nacht hinaus, sondern kann nachts auch mal schlafen! Und Angst vor der Dunkelheit hast du doch wohl ganz gewiss nicht!«

»Hmpf!«, sagte der Räuberhauptmann da wieder, und so richtig glücklich klang er nicht. Wenn man in ein Land kommt, um König zu werden, und dann wird man stattdessen Nachtwächter, ist das vielleicht erst mal eine Umstellung, verstehst du.

Konnte das also gut gehen?

Wenn du ein Jahr später ins Glückliche Land gereist wärest, dann hättest du nicht mehr sagen können, wer von den Bürgern des Landes früher einmal ein Räuber oder eine Räuberin gewesen war. Sie taten ihre Arbeit wie jeder andere und kegelten im Kegelklub und sangen im Chor und heirateten und feierten Feste; und natürlich kamen sie auch ab und zu mit allen anderen Menschen im königlichen Garten zusammen, um über die Geschicke des Landes zu entscheiden und Kuchen zu essen. So ist das nämlich manchmal. In einem Glücklichen Land können auch aus Räubern nette Menschen werden.

Und wenn du mich jetzt fragst – und jede Wette willst du das gerade! –, ob das nun alles nur daran lag, dass der Hoffnungsvogel zurück war und am Himmel seine Lieder sang, dann muss ich dir leider sagen, dass ich so eine schwierige Frage nicht beantworten kann.

Vielleicht reicht es auch einfach aus, wenn die Menschen an den Hoffnungsvogel glauben?

Und manchmal geht es vielleicht sogar ganz ohne ihn? Schließlich hatten Jabu und Alva die Prinzessin im Land jenseits des

Meeres ja auch ganz ohne Hoffnungsvogel aus ihrer Traurigkeit erlöst; und auch die Fischer dort im Hafen hatten ganz ohne Hoffnungsvogel die »Heldenhafte Helene« repariert.

Vielleicht also kommen die Menschen eigentlich auch ganz gut ohne ihn zurecht, wenn sie nur freundlich zueinander sind und einander helfen und miteinander feiern? Es hat schließlich nicht jedes Land einen Hoffnungsvogel, soweit ich weiß. Darum müssen die Menschen es dann schon selbst hinkriegen.

Und weißt du was?

Ich glaube, das können sie auch.